中国旅游发展年度报告书系
Annual Development Report of China's Tourism

中国旅行社产业发展报告 2014

CHINA TRAVEL AGENGCY INDUSTRY
DEVELOPMENT REPORT
2014

中国旅游研究院

北京·旅游教育出版社

《中国旅行社产业发展报告2014》编委会

主 任 委 员　戴　斌
副主任委员　保继刚　谢彦君
委员会成员　李天元　张凌云　田　里　马耀峰　马　波　周玲强
　　　　　　郑向敏　肖洪根(中国香港)

《中国旅行社产业发展报告2014》编辑部

主　　　编　杨彦锋
副 主 编　蒋艳霞
编辑部成员　李仲广　杨宏浩　战冬梅　何琼峰　夏少颜　朱春华
　　　　　　李创新　马仪亮　吴丽云　曾　光　李刚强　薛蓓蓓
　　　　　　刘　阳　吴雪娇　龙　飞　吴文艳　王莺莺　李书娟
　　　　　　张　妹

序言:沿着旅行服务的方向创新前进

互联网确实是一个充满想象力和创造力的空间,哪怕是经常上网的人,也会常常与惊奇感不期而遇。越来越多的酒店、航空公司等旅游供应商开设了自己基于移动终端的应用(APP),其快速增长的下载量似乎正在不断销蚀线上旅行服务商(OTA)的市场基础,以至于有观点认为,既无实体资源,也无实体渠道的旅游电子商务平台可能已经度过了其黄金发展期。

越来越多的事实表明:这个群体从来没有像今天这样在重新定义旅行服务的同时,距离全面的商业成功如此之近;也从来没有像今天这样面临着来自法律、监管、供应商、竞争者和消费行为变化的挑战。我们倾听来自创业和创新第一线的声音,并传递一个旗帜鲜明的态度:在大众旅游和国民休闲的时代,在大数据、云计算和移动通信的时代,国家旅游智库对于旅行服务创新信心依旧,澎湃如昨。

在我们的身后,是一个大众旅游与国民休闲的时代。尽管中国的旅行社业态可以上溯到1951年的华侨服务社,以及1921年的中国银行旅行服务部,但是直到20世纪70年代末期,伴随着入境旅游的高速发展,旅行社才真正以独立的姿态成长为中国产业地图经济格局中重要的一员。新中国成立后长达三十年的"封闭红利"让大量的国际游客不请自来,他们的主要动机就是观光,就是北京、西安、上海、广东、桂林等若干常规线路。

当时中国的商业接待、公共服务和社会环境与发达国家和地区相比,应当说是相对欠完善的,因而入境游客更愿意找旅行社,以团队的方式完成自己的旅游行程。那是传统旅行社的黄金时代,也是很多导游、外联和计调人员津津乐道的职业辉煌。可是没有真正经历过市场竞争的企业,就像是没有经过残酷的战争就获胜的军队。

进入20世纪90年代以后,一方面旅行社的数量快速扩张,另一方面入境市场进入了平稳增长期,供过于求的市场态势给了旅行社变革商业模式极为难得的窗口期。以1999年国庆"黄金周"为标志的国民旅游的兴起,也让旅行社产业得以分享市场基础快速扩张带来的"人口红利"。令人遗憾的是,大家已经习惯了"观光、团队、包价"的操作模式和"加点、自费、购物、回扣"的盈利模式。

没有想到的是,大众旅游和互联网时代到来得如此迅速,年轻人的旅游观念转变得如此具有革命性,以至于传统旅行社还没有反应过来,抓住航空公司、酒店和景区等供应商从垄断走向竞争的历史机遇,基于互联网为代表的现代科技应用,面向追求自助旅游的年轻人群体的OTA们很快就成了市场的主流。

如今,大众旅游正在从初级阶段向中高级阶段演化,旅游正在加速进入国民大众的日常生活。最新预测表明,2014年国内旅游将超过36亿人次,出境旅游将达到1.15亿人次,旅游消费将形成超过3万亿元人民币的庞大市场。可以预期的是,随着《旅游法》《国民旅游休闲纲要》《国务院关于旅游业改革与发展的若干意见》等法律和政策效应的显现,国民的旅游权利将得到最大限度的实现,旅游与旅行的方式将会更加自由。一个大众旅游和国民休闲的时代,也一定是旅行服务创业与创新的时代。

在我们的前方,是一个技术进步越来越决定市场格局的未来。以大数据、云计算和移动互联网为代表的技术进步正在不断拓展旅行服务创新的边界。互联网不仅仅是一个平台,也不是一般意义上的工具,而是代表未来创新方向的思维方式。无论我们如何留恋田园牧歌,工业革命还是让小农经济和亚细亚生产方式彻底走进了历史。汽车进入家庭,成为大众普遍接受的公共交通工具以后,无论祥子和虎妞再怎么努力,也拯救不了黄包车的历史命运。还有曾经领一时风气之先的飞鸽自行车、柯达胶卷、诺基亚手机,等等,今天又去哪里寻找它们的身影呢?

直到今天,还有人将移动互联网时代分为技术流和业务派,还有人抱着传统的模式和既有经验不放,而没有看到新技术、新思想和新模式正在决定着整个产业的未来。在资本、技术以及创业创新群体的共同引导下,从携程到去哪儿,从蚂蜂窝到在路上,从众信到百程,旅行服务领域的创新迭代让人眼花缭乱。虽然不可能所有的创新最后都走向成功,但是没有跟上时代的企业一定会被时代所淘汰,未来终将是创业和创新者的未来。

技术进步正在不断扩大商业创新的基础。未来五到十年,基于移动互联网的旅游消费将占到旅游产业的50%,在线旅游产业将会扩大3到5倍。2014年6月的中国互联网统计报告表明,中国手机网民规模达5.27亿,上网设备中手机使用率达83.4%,首次超过PC整体使用率的80.9%,成为第一大上网终端设备。而3D打印、可穿戴设备,以及越来越完善的大数据等创新,必将从根本上颠覆旧格局的商业基础。更为关键的是,我能够看到创新者敏锐地把握了变化中的主流价值和广大游客的核心诉求。事实上,大多数消费者的核心需求始终是所有商业机构的价值基础。携程、同程、途牛、驴妈妈等电商以"多数旅行者的核心需求"为切入点,在满足游客机票、酒店、门票、签证、租车等出游核心需求的同时,也在改写着旅行的发展历史。去哪儿网在满足游客货比三家的核心诉求的同时,也形成了有价值的商业模式。蚂蜂窝、穷游网、在路上、面包旅行等旅游社区网站,为游客提供了分享鲜活旅游经历的平台,也为自助游游客提供了可资借鉴的鲜活案例。他们的出现和发展壮大,正是因为牢牢把握住了大多数游客的核心诉求,才能够成长为行业的佼佼者。

  在我们的身边,沿着旅行服务创业与创新的方向,有着越来越多的同行者。近年来,从携程、同程、驴妈妈、途牛、艺龙的OTA模式、去哪儿网的搜索模式、欣欣旅游的B2B2C模式、在路上的移动OTA模式,到快的打车、滴滴打车的O2O模式等,以及更多虽然我说不出名字,但是能够清楚地感受到他们的理想、激情、专业和能力的年轻人正在加入创业的群体中来。我们能够感受得到这支队伍越来越大,聚集到一起的年轻人正在做一项伟大的事业,那就是他们正在重新定义旅行服务业,正在推动中国旅行服务产业的内生化成长。

  与我们同行的还有整个旅游经济体系的供应商,他们也正在加速变革与创新的进程。高速铁路、高速公路、大飞机、新机场等改变了远程交通的格局,廉价航空让更多人可以享受旅行。易到用车、航班管家、高铁管家等让人们的旅行更加便利。百度地图、高德地图、滴滴打车、快的打车让我们在目的地的行动更加方便。大众美食网、大众点评网让我们可以更加快速地找到有创新的、百姓喜爱的餐饮场所;雕爷牛腩、西少爷肉夹馍和常德米粉店之所以能成功,正是因为他们用创新的思维、用互联网技术做餐饮。从定点的演出包场,到张艺谋的印象系列,再到时光网,乃至高大上的国博也在将艺术与休闲、旅游和日常生活相融合,我们的娱乐方式在持续变革。互动视频购物、海外代购、免税店和微购物正在彻底改变购物的格局。迪士尼、海昌、方特、长隆和华侨城的主题公园,正让旅游和休闲的边界变得日益模糊,越来越混搭。可以说,今天的旅游供应商体系和目的地商业环境正发生着革命性的变化,传统旅行社的商业模式和市场基础已经一去不复返了。而供应商的同步创新使得旅行服务领域的创业创新有了可靠的同盟军,目的地越来越成为外来游客和本地市民共享的生活空间。与我们同行的还包括中国旅游研究院在内的官产学媒各界。当大家与时代同行的时候,我没有理由不站在大家中间,以莫大的信心见证中国旅行服务产业的转型与升级,并为这一进程中的点滴进步而欣喜欢呼。

　　我还能够感受到,旅行服务领域中的创业与创新努力正在与伟大时代的中国梦越来越同构、越来越共振。旅游是什么?旅游是人民生活水平提高的一个重要指标,旅游是国民权利的重要组成部分,旅游是现代服务业的重要组成部分。两个百年的梦想应该有旅游的梦想,也应当能够支持,包括在座各位的旅游创业的梦想。正是从这个意义上说,年轻人正在改变旅游的世界,创业照耀旅游的星空。

　　历史已经并还将证明:一个伟大的时代必然会有伟大的创造,而伟大的创造也一定是与时代同行的。小伙伴们,让我们为了一个大众旅游和国民休闲的时代,沿着旅行服务的方向,创新前进吧!

中国旅游研究院院长、教授、博士生导师
2014.11.17

目 录
CONTENTS

第一章　从传统旅行社业到旅行服务业的发展 ………………………… 1
　一、传统旅行社的普遍焦虑与市场创新 ………………………………… 2
　二、旅行服务领域正在发生革命性的商业创新 ………………………… 4
　三、旅行服务业发展方向对管理提出了新要求 ………………………… 5

第二章　国内、出境及入境旅游市场分析 ……………………………… 7
　一、国内旅游——基数庞大、增长较快 ………………………………… 8
　二、出境旅游——市场规模不断扩大 …………………………………… 13
　三、入境旅游——发展态势相对平稳 …………………………………… 22

第三章　旅行服务业的需求分析及游客消费行为 …………………… 31
　一、游客特征分析 ………………………………………………………… 32
　二、游客行为分析 ………………………………………………………… 45

第四章　旅行社产业发展现状分析 …………………………………… 61
　一、2013年度全国旅行社产业发展规模 ……………………………… 62
　二、2013年度全国旅行社产业经营绩效 ……………………………… 64
　三、全国旅行社产业分项业务 …………………………………………… 68
　四、全国旅行社总体结构 ………………………………………………… 77
　五、全国旅行社百强分析 ………………………………………………… 81

第五章　在线旅游的发展分析 ………………………………………… 89
　一、在线旅游的现状与发展趋势 ………………………………………… 90
　二、在线机票 ……………………………………………………………… 91

三、在线酒店 ……………………………………………………………… 93
四、在线门票 ……………………………………………………………… 95
五、在线度假 ……………………………………………………………… 97
六、其他新兴业务 ………………………………………………………… 104
七、在线旅游典型企业 …………………………………………………… 108

第六章 旅行服务业的资本及技术驱动 …………………………………… 123
一、旅行服务业投融资蓬勃发展 ………………………………………… 124
二、投融资特征和趋势分析 ……………………………………………… 128
三、移动互联网技术的革命性影响 ……………………………………… 129
四、旅游创新技术的应用百花齐放 ……………………………………… 132

第七章 政策法规动态及展望 ……………………………………………… 137
一、旅行社注册资金由实缴制改为认缴制 ……………………………… 138
二、一批行政审批项目的下放和取消 …………………………………… 140
三、《国务院关于促进旅游业改革发展的若干意见》出台 ……………… 144
四、旅游市场秩序整治的昆明共识的形成 ……………………………… 145
五、贯彻实施《旅游法》，加强市场监管 ……………………………… 146

第一章
从传统旅行社业到旅行服务业的发展

在游客消费行为散客化、商业模式在线化的双重影响下，传统旅行社业正在淡出旅游经济体系的核心位置。第三次产业革命的旅行服务创新进程加快则预示着一个旅游组织方式系统变革的时代正在到来。推进传统旅行社与旅行服务新业态的融合发展成为摆在市场主体和旅游行政主管部门面前的现实课题。

一、传统旅行社的普遍焦虑与市场创新

（一）旅行社为什么会普遍焦虑

从截至2012年底的统计数据来看，依照国务院《旅行社管理条例》依法成立的旅行社有26 054家，2013年全国旅行社营业收入3599.14亿元。根据我们的调研，从旅行社业务经营主体的角度来估测（包括以旅行社部门、办事处等形式存在的旅行社企业组织，以及会展机构、网站、俱乐部等未取得旅行社经营权的经营实体），目前全国实际的旅行社业务经营主体超过7万家，这些产业组织共同构成了现代旅行服务业的主体。

随着互联网的迅猛发展，在线旅游业务快速渗透。酒店和机票是最先被在线化的旅游产品品类。此外，旅游度假产品、租车、景区门票、签证等产品进入了快速在线化的进程。这些业务的经营主体使得过去未纳入旅行社类别的多种旅游服务机构开始进入旅游服务业的范畴，传统旅行社的业务不断被新兴产业主体侵蚀，旅行社的外延正在经历被动扩充的历史阶段。

迄今，旅行社产业主体已经发展为四大部分：由中国国际旅行社总社、中国旅行社总社、中国青年旅行社等传统旅行社经由市场化改革而来的旅游企业；众信、凯撒、春秋、南湖等服务于国民旅游市场的民营旅行社；携程、艺龙、同程、驴妈妈等基于互联网和移动通信技术的线上旅行代理商（OTA）；少量独资、合资或者以办事处名义开展业务的跨国旅行社分支机构。从旅行服务产业链条来看，位于OTA前端的行业垂直搜索引擎去哪儿，工具类的在路上、面包旅行，攻略社区类的蚂蜂窝、穷游等典型业态也在不断丰富旅行服务业的内涵。

过去的旅行社是在整个社会依托体系和接待设施不健全的大环境下，为适

应涉外接待要求而发展起来的商业主体。随着新世纪以来国民旅游消费需求的崛起，老百姓的消费需求和社会便利程度已经发生了巨变，而我们还在使用传统的方式应对变化的市场，这种商业的脱节表现为旅行社应对市场的普遍失措。以大数据、移动终端为代表的技术进步以及青年一代价值观、消费需求的变化大大加剧了旅行社市场的变革，传统旅行社受制于沉没成本及滞后的政府行业管制，不但没有抓住变革时机，实际上还增加了对既有旅行社形态的黏着。新兴的在线旅游市场主体不但满足了新增的市场存量，更进一步挤占了传统旅行社的存量。传统旅行社业务的不景气与在线旅游市场主体的不断的市场侵蚀过程，造成了旅行社行业普遍的焦虑。

（二）旅行社创新的未来在哪里

旅游活动是以人们的空间移动为前提的，为空间移动的人们提供从信息整合、行程安排，到目的地期间所消费的餐饮、住宿、交通、游览、购物、娱乐以及商务活动和休闲体验等方面的协助，都属于旅行服务业的范畴。

1841年，托马斯·库克在伦敦组织的禁酒之旅成为旅行社业态的萌芽，也是现代旅游业的发端。自此，旅行社成为国际旅游经济系统中的代表业态，并随旅游市场的繁荣扩张而不断发展、演化和创新：旅游批发商、旅游经营商、旅游代理商、旅游组团社、旅游接待社、门市部，全包价、半包价、小包价、单项服务代理，区域旅行社、国内旅行社、跨国旅游集团、传统旅行社、在线旅行社、旅行相关服务机构等。

在面临第三次工业革命的今天，旅游业作为典型的信息密集型和信息依托型产业，与电子商务有着天然的适应性，互联网变革孕育了丰富的旅游新业态，重新构建了旅游业的产业链条。新型的旅游电子商务公司开始成为旅行社业务的重要经营者，从市场主体发育来看，以携程等为代表的旅游在线运营商迅速崛起壮大，而去哪儿、欣欣旅游网、同程网、艺龙、驴妈妈、途牛等在线旅游供应商及平台同样发展迅猛，业务增速明显高于诸多传统出境组团社。另一方面，百度、淘宝、中航信，甚至Priceline、Expedia等国内外大型企业集团也都通过各种途径进军国内在线旅游市场。

历史发展证明，旅行服务业并非只有旅行社一种业态，旅行社的形态变迁由旅游服务业的基础决定。旅行需求基础存量稳定增加，消费者散客化的消费方式以及技术进步带来的商业模式创新都为旅行社发展的未来指明了方向，尤其是旅游服务业已经定位为国家战略，旅游业已经成为国民小康生活的载体的时代背景下，旅行社产业迎来了发展变革的历史机遇期。

在一次又一次的市场创新、组织创新、管理创新、技术创新和服务创新的过程中，随着旅行服务边界拓展而成长壮大，那些真正着眼于满足游客在旅行过程中核心诉求的旅游企业能够适应市场变化，积极探索市场，这也是旅游企业持续生命力的核心。

二、旅行服务领域正在发生革命性的商业创新

（一）不同类型企业间的市场份额动态消长

根据中国旅游研究院统计，旅游市场持续高速增长，预计2014年全年，旅游接待总人数37.6亿人次，同比增长10.8%；旅游总收入3.3万亿元，同比增长14.8%。其中，国内旅游人数36.3亿人次，同比增长11.4%；国内旅游收入达3.1万亿元，同比增长16.3%。入境旅游有望与去年持平；出境旅游人数1.16亿人次，同比增长18.2%，出境旅游花费1550亿美元，同比增长20%，旅游服务贸易逆差将突破1000亿美元。

而与此同时，2013年传统旅行社业务从"两升一降到两降一升"的态势转化，全国旅行社国内旅游营业收入1762.11亿元，同比减少6.19%；出境旅游营业收入1157.19亿元，同比增长23.62%；入境旅游营业收入270.15亿元，同比减少4.32%，国内旅游和入境接待业务下降的趋势在2014年愈发明显。

艾瑞的宏观数据显示，2013年中国在线旅游市场交易规模达到2204.6亿元，同比增长29%。其中，在线机票市场交易规模达1318.3亿元，在线酒店市场交易规模达485.4亿元，在线度假市场交易规模为303.0亿元。仅仅OTA市场营收规模就将达到117.6亿元。预计2017年市场规模将达到4650.1亿元，复合增长率达到20.5%。从微观主体上来看，预计2014年携程、途牛旅游度假业务将双双达到50亿元销售额规模，与去哪儿网、同程、驴妈妈、淘宝旅行、欣欣旅游网、在路上等新型业态共同瓜分传统旅行社的市场份额。

传统旅行社业务与宏观旅游增长态势之间的不同构，说明了传统旅行社业务在一定程度上的萎缩，与之形成鲜明对比的则是新兴旅行服务机构的崛起与明显的替代效应。

（二）移动互联渐显独立的业态支撑力

互联网和移动通信相结合的商业应用发展迅猛，对旅游和旅行服务业的影响已经从辅助和配合的角色走向了前台，悄然演化为相对独立的业态创新支撑力量。在一定程度上，旅行社的货币资本、并购战略、人力资源等生产要素，市场推广、产品研发和服务流程设计开始围绕科技应用的方向而配置。移动通信进入3G时代以后，特别是所谓的"云计算"进入了概念普及化阶段以后，客源市场的终端形式开始表现为智能移动终端。当越来越多的智能移动设备上安装包括电子地图、天气预报、航班动态、火车时刻表查询，以及包含景区、电影、餐饮、酒店、购物、主题公园的位置、项目和价格信息的APP，并且能够在数秒时间里完成预订与支付手续的应用场景下，互联网和智能手机不但改变了人际交往的方式，也改变着人们的旅游消费模式。

（三）资本驱动旅行服务业的快速融合

随着技术驱动和业务增长，旅行服务业在消费升级的时代表现出强劲的发展动力。资本在逐利的驱动下，快速涌入旅游服务业，带来了旅游服务业的快速融合，表现为包括旅行社的大量相关业务组织的重组和并购行为。

2013年，全国在线旅游领域全部投融资（包括VC、PE、IPO、债券、并购等）42起，超过千万元级别的典型企业投资8起，投资机构中除了VC（风险投资）外，携程、艺龙等旅游企业及BAT（百度、阿里巴巴和腾讯）三家均加入了投资行列。出境旅游、旅游新业务、移动旅游、旅游社区及B2B旅游也受到业内青睐。截至2014年6月20日，国内在线旅游行业发生投资事件共计39起，数量与2013年全年基本持平。根据虎嗅网统计，从2011年开始，也就是移动互联网浪潮兴盛开始，在线旅游的投资增长突飞猛进，2011年到2014年上半年，融资事件分别为16、22、39、38起。预计2014年上半年，融资金额将累计超过50亿元人民币；而2013年全年，融资金额超过30亿美元。巨大的资本驱动了行业的变革和产业链条的重构。

三、旅行服务业发展方向对管理提出了新要求

（一）分类指导，延展对广义旅行服务业的监管

携程、去哪儿等一批基于互联网的旅行代理商的出现，让我们看到了科技

应用和商业模式变革的进步。总体而言，26 000 余家正式注册的旅行社依然处于从传统服务业向现代服务业的过渡阶段。当前旅行社业态的多元化发展，已经倒逼旅游行政管理与时俱进，行业实践亟须新的宏观引导、分类指导和微观监管。从这一意义上来说，旅游行政管理部门的工作应更加重视专业化的分类管理。针对新业态、新组织形式、新投资主体的旅行服务经营主体，要以开放的心态紧紧围绕旅行服务这个业务核心，将网络旅行社、旅行社网店、旅行社网络平台、旅游销售代理、旅游产品批发商、旅游保险及安全救助机构等纳入旅行服务业管理体系。

（二）加快开放，鼓励旅行社产业的发展创新

在旅行服务业外延扩大，在线旅游成为旅行服务业重要组成部分的态势下，政府及旅游行政主管部门应该积极迎接变化，不拘泥于旅行社产业的既有定义，加快开放对不同资本属性和不同业态商业主体的准入，明确鼓励旅游服务业的信息化与电子商务建设，提供必要的政府公共平台支持，将旅行社在线企业纳入规范和管理的范畴，加强网络征信机制的建立和等级标准建设，鼓励以网络技术运用为特征的第三方平台、网络旅游运营商等新兴旅游业态的发展。

（三）向现代服务业学习，推进旅行服务的商业创新

旅行社产业的经营者需要放下身段，向年轻人学习，向创业者学习，向旅游行业之外的旅行服务业学习，向海外先进的旅游服务商学习，立身于快速增长的国民旅游消费需求，适应旅游消费的散客化、多元化潮流，拥护互联网技术变革，重构旅行服务的商业模式。旅行服务新业态也要努力学习传统旅行社在品质管理、诚信经营和游客体验方面的优良传统，遵纪守法、服从监管、相互包容，共同促进旅游产业组织体系的创新发展。

第二章

国内、出境及入境旅游市场分析

一、国内旅游——基数庞大、增长较快

(一) 国内旅游市场发展环境良好

业内呼吁多年的《旅游法》于2013年4月25日公布、2013年10月1日施行,为维护旅游者和旅游经营者权益、规范旅游市场提供了法律保障,标志着中国旅游业全面进入了依法兴旅、依法治旅的新阶段。2014年8月21日,国务院发布了《关于促进旅游业改革发展的若干意见》,提出进一步促进旅游业改革发展的各项要求,并公布了重点任务分工及进度安排表,对激发旅游业发展的活力和潜力,更好地满足人民群众日益增长的旅游需求意义重大。此前国务院办公厅发布《国民旅游休闲纲要》,则意味着国民休闲问题进入国家战略视野,对于提高国民生活质量、促进旅游业转型发展具有重要意义。旅游业日益成为对外关系的重要战略性产业。

随着全面建设小康社会的步伐加快,旅游已经成为人民生活水平提高的重要指标。自2003年以来,我国国内旅游消费需求一直保持平稳和较快增长。2013年,受"八项规定""六项禁令"等政策影响,公务旅游消费急剧下降,商旅消费明显放缓,而国民休闲性旅游消费则表现出强劲的增长势头。

(二) 国内旅游市场快速增长

1. 总体状况

2013年我国宏观经济企稳回升,扩内需政策陆续发挥效应。旅游经济总体发展平稳,国内旅游市场快速增长,2013年国内旅游人数33亿人次,同比增长10.3%,提前两年实现国发〔2009〕41号文件的目标;国内旅游收入2.6万亿元,同比增长15%(见图2-1)。

第二章 国内、出境及入境旅游市场分析
Chapter 2　Domestic, Outbound and Inbound Business of Travel Agency

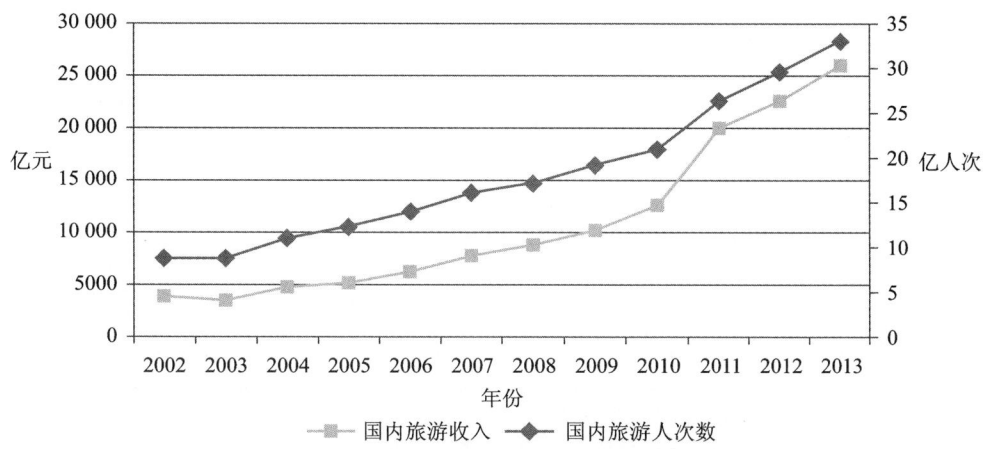

图 2-1　2002—2013 年国内旅游收入及国内旅游人次数

我国国内旅游收入和国内旅游人次数从 2003 年起一直保持良好的增长势头，尤其在 2011 年国内旅游收入和国内旅游人次数两者均呈现高速增长，2013 年两者依旧保持良好的增长势头。2003—2013 年，旅游接待总人数复合增长率为 12.55%，旅游总收入复合增长率为 17.60%（见图 2-2）。

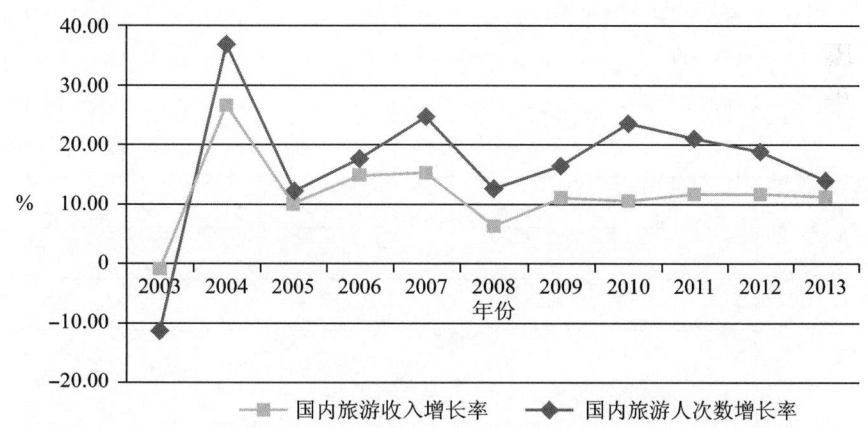

图 2-2　2003—2013 年国内旅游收入及国内旅游人次数增长率

国内旅游人均消费从 2003 年开始直至 2011 年一直保持着逐步稳定上涨的态势，尤其在 2011 年达到近些年的最高峰 784 元，2012 年出现小幅度的下降，2013 年开始呈现回升的趋势。2002 年国内旅游人均消费仅为 442 元，2013 年

9

为788元,年均增长率为5.4%(见图2-3)。

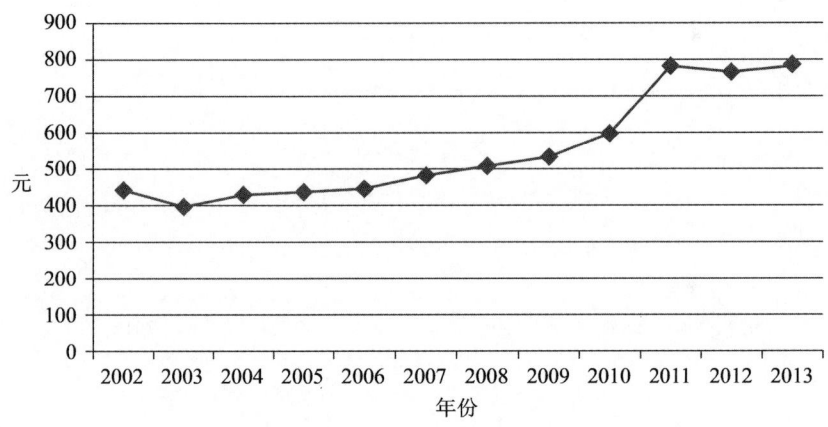

图2-3 2002—2013年国内旅游人均消费情况

2. 市场结构

国内旅游市场由城镇旅游市场和农村旅游市场组成。从旅游人次数上来看,2003年至2009年,农村居民出游人次数要明显高于城镇居民出游人次数,但二者差距不断缩小,2010年后城镇居民出游人次数首次超过农村,2012年占国内市场的65%,而在2013年占国内市场的65.9%(见图2-4)。从旅游收入情况看,城镇旅游收入要始终高于农村旅游收入,平均占国内旅游总收入的70%以上,而农村旅游人次数虽然较多,却创造了较少的旅游收入(见图2-5)。

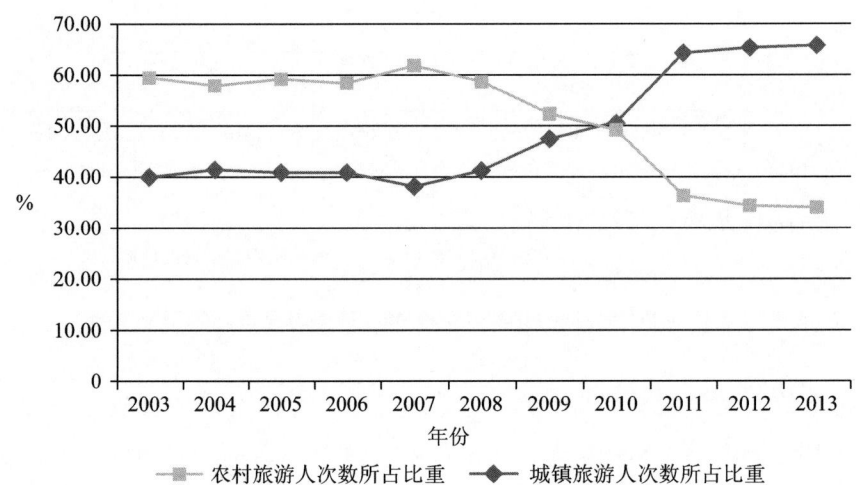

图2-4 2003—2013年城镇、农村旅游人次数占国内旅游人次数比重

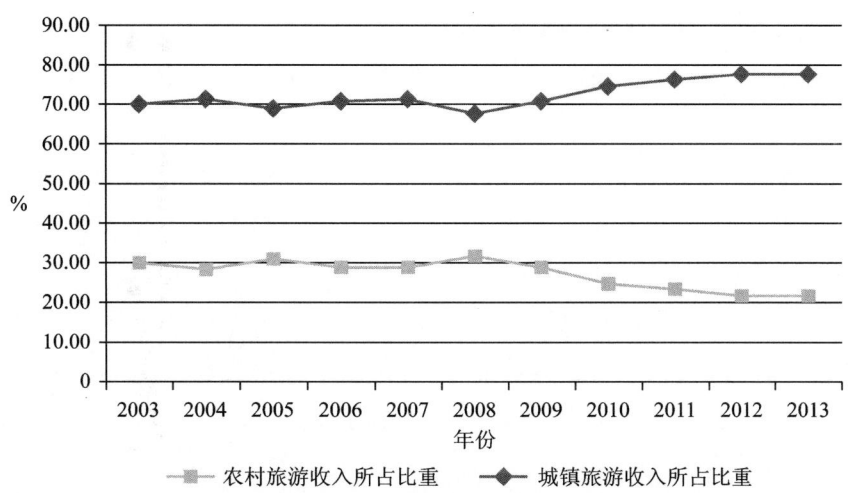

图 2-5　2003—2013 年城镇、农村旅游收入占国内旅游收入比重

3. 发展特征

（1）东部地区既是重要的客源地，也是重要的目的地

全国 31 个省（自治区、直辖市）的潜在出游力地域空间形态保持相对稳定的态势，呈现"三级阶梯状"，形成东、中、西三个空间分布带：潜在出游力前十名的省（自治区、直辖市）除湖北省外，其余全部分布在东部地区。

国内旅游收入较高的地区仍主要集中在东部。其中东部沿海地区的广东、江苏、浙江、山东、辽宁等五个省市的国内旅游收入排名前五。中部地区的河南、湖北、湖南、安徽、山西等省份的国内旅游收入处于中游位置。而国内旅游收入较少的省（自治区、直辖市）则主要集中在西北和东北地区。

（2）旅游发展方式不断创新，县域旅游最具活力

县域旅游作为我国区域旅游发展中的"基本细胞"，其发展创新是我国区域旅游发展最具活力的地方。从"栾川模式""婺源之路""岚皋特色"到"泰宁路径""常熟样板"和"遂昌模式"，涌现出了一批全国县域旅游创新发展的先进典型。在借鉴成功经验的基础上，河南省嵩县提出了"县域景区""5A嵩县"的发展战略，并通过产业集聚区打造、产业融合、推进政企分开等措施，推动县域旅游发展创新；宁夏银川市提出了重点做好滨河新区全域 5A 景区建设的思路；陕西省山阳县树立了"全域化"旅游理念，打造县域乡村旅游园区。在"全域化"理念的引领下，通过一系列全新的发展手段，这些地区

的旅游业均获得了较好的经济效益和社会效益。

（3）旅游产品体系不断丰富，海洋旅游、休闲旅游等成为旅游经济新的增长点

随着我国旅游产业的快速发展，旅游产业与其他产业的融合不断向纵深发展，促使区域旅游产品体系不断融入国家经济社会发展所产生的诸多元素，持续向更加完备的方向发展。

随着旅游者对个性化、休闲化、高级化旅游产品的需求增大，散客化、自由行旅游方式渐成时尚。根据旅游需求的变化，各地纷纷以此为契机，结合自身实际制定鼓励居民旅游休闲消费的政策措施，加强国民旅游休闲产品开发，增加旅游休闲设施。

（三）国内旅游市场散客化趋势明显

2013年全年我国居民的出游意愿仍然保持高涨。2013年第一季度我国消费者的出游意愿为87.4%，第二季度为85.23%，第三季度为86.05%，第四季度为85.4%。据调查显示，2014年第一季度公众的出游意愿为83.7%，其中元旦期间的出游意愿为46%，春节期间的出游意愿为52.5%。此外十八届三中全会推进改革全面深化，产业创新不断发展，旅游业发展环境将更加稳定，签证将有所放松，这些为促进旅游产业的发展和旅游需求的释放创造了良好条件。

《旅游法》的颁布所带来的团队游产品价格上涨促使了大量游客选择自己出行，加上《重大节假日免收小型客车通行费实施方案》政策的刺激，特别是旅游者观念的日益转变，使我国旅游散客化的趋势日益明显，2013年"十一黄金周"九寨沟散客与团客7∶3的比例就是这一趋势的鲜明写照。根据中国旅游研究院的调查结果，在出游形式中，受访者选择"自己组织"和"单独出游"作为出游形式的比例分别为52.6%和12.9%，合计65.5%；仅有29.2%的受访者选择参加旅行社的出游团。如何适应散客化这一趋势，为游客提供满意的服务，是景区和旅行社面临的重要问题。

二、出境旅游——市场规模不断扩大

（一）出境旅游市场的基础稳固

1. 居民收入水平稳步提升，有利助推出境游

2013年国内生产总值持续增长，城乡居民收入大幅提升，为出境旅游的发展奠定了良好的基础。

在模型中，人均GDP的系数符号为正号，表明与旅游出境人数成正比关系。我国人均GDP每增加1%，出境旅游人数就增加0.97%。人均可支配收入的系数符号为正号，表明与旅游出境人数成正比关系。我国人均GDP每增加1%，出境旅游人数就增加1.15%。

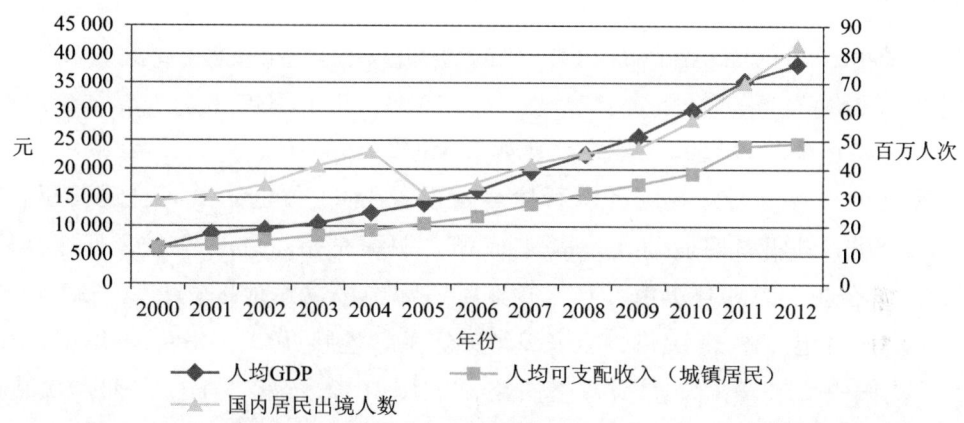

图2-6　2000—2012年人均GDP、人均可支配收入和国内居民出境人数变化比较

2. 人民币汇率与CPI的双向互动助推出境旅游发展

一方面，人民币汇率指数持续走高，表现为人民币的本币升值，使得中国公民出境游价格相对便宜，在一定程度上也促进出境游市场的发展。

另一方面，2013年CPI指数在第一季度起伏较大，表现为先上升，再下降，但5月份过后，表现出稳定、缓慢的上升趋势。与上年同期相比，基本持平，这表明居民的生活成本稳定。但随着收入的增加，居民可以用于消费的货币逐渐增多，居民的出境旅游意愿增强。

CPI与汇率的共同作用提升了我国游客对出境产品的购买力。在模型中，

CPI 的系数符号为正号，表明与旅游出境人数成正比关系。我国人均 CPI 每增加 1%，出境旅游人数就增加 14.98%。汇率的系数符号为负号，表明与旅游出境人数成负比关系。表明美元相对人民币贬值促进了我国出境旅游。美元相对人民币每贬值 1%，出境旅游人数就增加 4.45%。

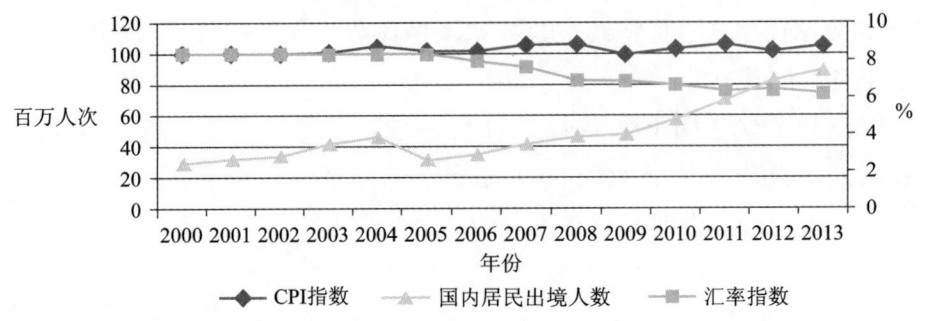

图 2-7　2000—2013 年 CPI、汇率指数和国内居民出境人数变化比较

3. 交通网络持续优化，出境游更加便捷

截至 2013 年 9 月，我国高铁新增运营里程 1107 公里，由此总运营里程达 10 463 公里，"四纵四横"干线基本成型。四纵是指：北京—上海高速铁路，全长 1318 公里，贯通环渤海和长三角东部沿海经济发达地区；北京—武汉—广州—深圳（香港）高速铁路，全长 2350 公里，连接华北、华中和华南地区；北京—沈阳—哈尔滨（大连）高速铁路，全长 1612 公里，连接东北和关内地区；上海—杭州—宁波—福州—深圳高速铁路，全长 1650 公里，连接长三角、东南沿海、珠三角地区。四横是指：青岛—石家庄—太原高速铁路，全长 906 公里，连接华北和华东地区；徐州—郑州—兰州高速铁路，全长 1346 公里，连接西北和华东地区；上海—南京—武汉—重庆—成都高速铁路，全长 1922 公里，连接西南和华东地区；上海—杭州—南昌—长沙—昆明高速铁路，全长 2264 公里，连接华中、华东和西南地区。

广泛、便捷的高铁网络为中国游客的出行提供了有力保障，出境旅游的市场触角快速向二三线城市延伸，有效地促进了我国公民出境游的发展。当然，更为直接地促进中国公民出境游的交通因素当属国际航线的迅速增加。2013 年国内航空公司新开国际航线 92 条，其中货运航线 20 条，外国航空公司新增中西部定期国际航线 19 条。

4. 旅游签证政策持续改善，优化了出境旅游环境

2013年，随着中国出境旅游人数的增加、消费规模的扩大，各国对华签证政策持续改善，在签证程序简化、签证政策放宽、延长免签计划等方面都有所表现，并且取得了显著的成效。较为突出的例子有，往年我国游客赴美旅游签证率为15%，2013年赴美旅游签证增长率增长至40%；爱尔兰自延长对我国的免签计划之后，短期内旅游签证数量也增长了约24%。

（二）出境旅游市场持续快速发展

1. 出境旅游市场结构分析

（1）市场状况

2013年，我国出境旅游人数达到9818.52万人次，同比增长了18.04%，出境旅游市场规模发展势头良好。从月份数据上面来看，传统旅游旺季7、8月出境游仍然火爆，尤其是8月份出境旅游人数近千万人次，带有明显的季节性特征。十一黄金周、春节等节假日出现出境旅游小高峰，但是人次优势已经没有2012年那么明显，2013年上半年出境旅游人次波动幅度较小。

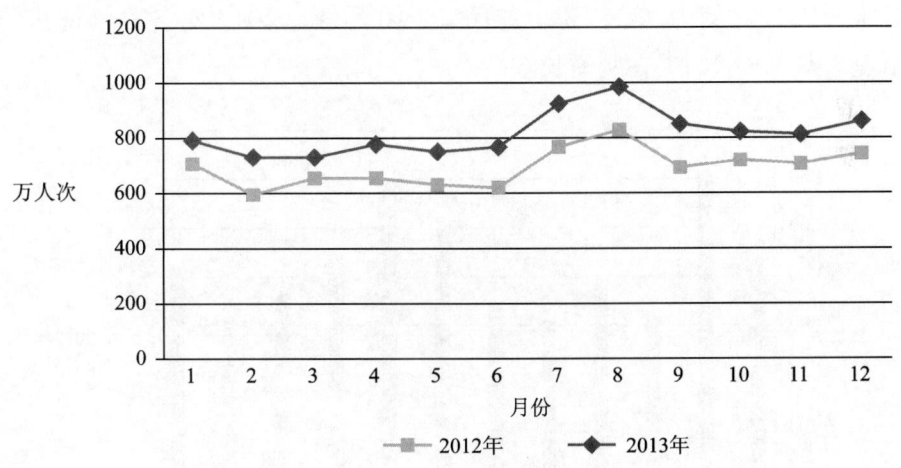

图2-8　2012、2013年各月出境旅游人次

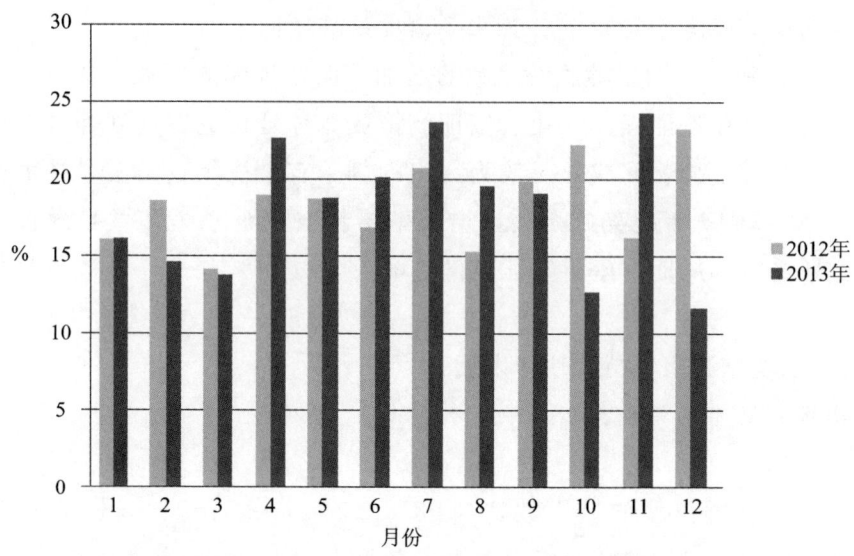

图 2-9　2012、2013 年各月出境旅游人次较上年同比增长率

（2）公民因私出境占比持续增长

2013 年，我国因私出境人数达 9196.90 万人次，同比增长 19.35%，占所有出境旅游人数比例为 93.67%。如图 2-10 所示，2013 年各月（除 1 月外）因私出境人数都较 2012 有所增长。

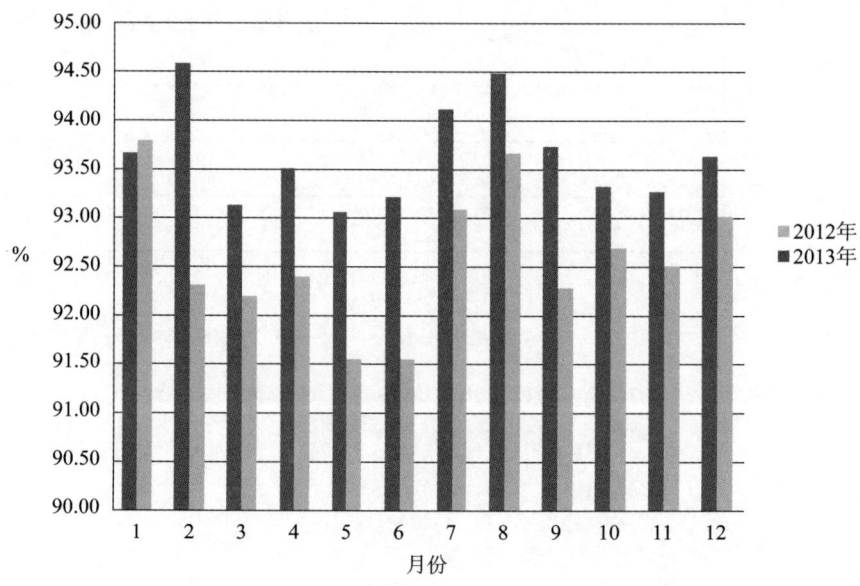

图 2-10　2012、2013 年各月中国因私出境游客占所有游客比重

第二章　国内、出境及入境旅游市场分析
Chapter 2　Domestic, Outbound and Inbound Business of Travel Agency

（3）飞机逐渐成为优先考虑的出境交通方式

2013年，我国所有出境居民中，以飞机为交通方式的游客比例达到了26.11%，比2012年提高了0.76个百分点；而以徒步、火车、轮船、汽车为出行方式的游客比例都有所下降。这表明飞机这一交通方式，已经在越来越多的出境游客心中成为优先考虑的出行方式（见图2-11）。

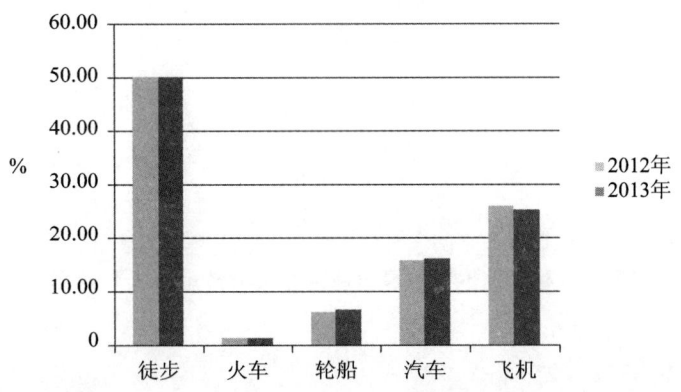

图2-11　2012、2013年中国出境游客交通方式比重

（4）赴各地区的增长率与结构

2013年，中国内地游客出境旅游目的地前十位分别是：中国香港、中国澳门、韩国、泰国、中国台湾、美国、日本、越南、柬埔寨和马来西亚（见图2-12）。其中赴泰国旅游人数暴涨78.65%，几乎比2012年翻了一倍。

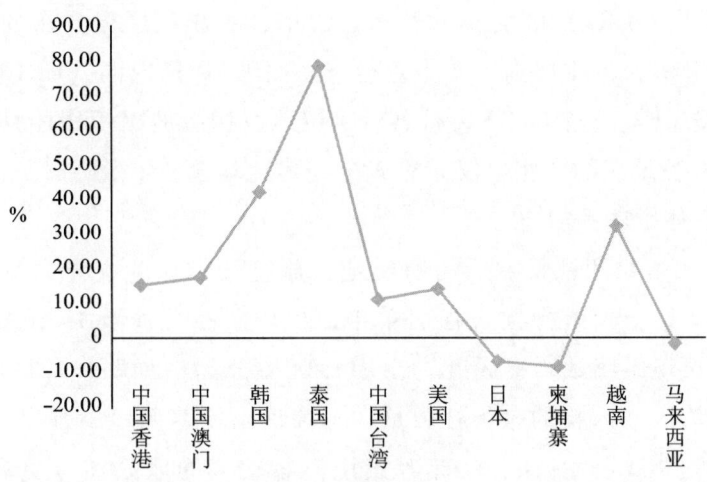

图2-12　2013年中国内地游客赴主要目的地人数增长率

亚洲仍是中国内地游客出境旅游的主要目的地，赴欧美国家旅游人数占比有所下降，反而赴非洲国家人数占比有所上升（见图2-13）。

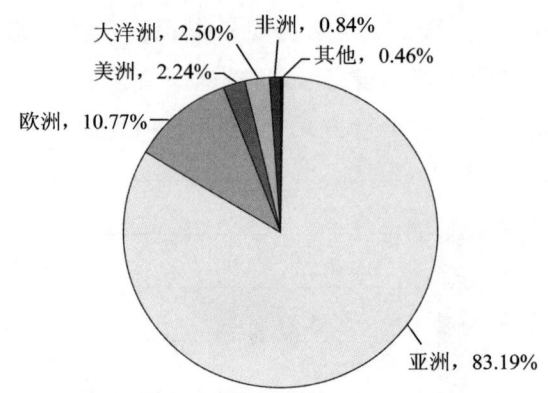

图 2-13　2013 年中国内地游客出境游地区人数分布

2. 出境旅游产业运营特征

（1）集中程度继续提高

与国内多数学者测算得出我国区域经济不存在收敛，而表现出俱乐部收敛的情形类似，出境组团社总体规模不断攀升的同时，区域分布也不存在明显的收敛性。截至 2013 年 11 月底，我国具有出境旅游业务资质的旅行社共计 2086 家，较 2012 年同期增加了 424 家（涨幅 25.51%）。依托更加充足的出境旅游客源，经济相对发达的地区出境组团社数量增长更为迅速。目前，出境组团在数量排名前 5 位（CR5）的北京、广东、山东、浙江和辽宁分布的出境组团社占总数的 46.55%，占比提高 1.2 个百分点。而前 10 位地区（CR10）的占比进一步提高至 63.61%。相比之下，排名后 5 位地区拥有的出境组团社仅占总数的 2.83%，后 10 位地区的占比也仅为 9.92%，占比均较去年微降（见图 2-14）。

（2）业态分化进程加速

近年来，出境组团社日益成为所属地区旅行社行业的主导力量。2013 年 7 月公布的 2012 年全国旅行社百强名单中，出境组团社涉及 17 个省（直辖市、自治区），非出境组团社寥寥无几，组团社区域分割格局明显。同时，17 个省（直辖市、自治区）入榜的旅行社数量，与该地出境客源地属性呈正相关关系，即北京、上海、广州、浙江、江苏等出境游客较多的地区拥有更多的百强社，而广西、陕西、云南等典型的旅游目的地则拥有的百强社屈指可数。可以说，出境游业务是决定旅行社发展规模的关键因素，也是全国旅行社业态演化的重要因素。而在持续多年的批零一体化发展进程中，各地逐渐涌现出少数业务规模领先的综合性大社，这些大型组团社凭借其跨区收客、采购、营销推广、人才储备、产品种类、经营资质等方面的优势不断做大做强。相比之下，中小型组团社越来越多地退化为综合性大社的收客附属，或者专注于某一个特定区域或领域的小规模组团业务，出境游组团社强弱分化，或称综合性与专业性的分化越来越明显。特别是《旅游法》的出台对经营相对规范的大型组团社而言是利好，而对于更多依赖"零负团费"业务的小型组团社则产生了更大的约束作用，进而使得中小型组团社将更多的精力和资源投入到产品销售而非成团出游当中，业态分化的步伐势必进一步加快。

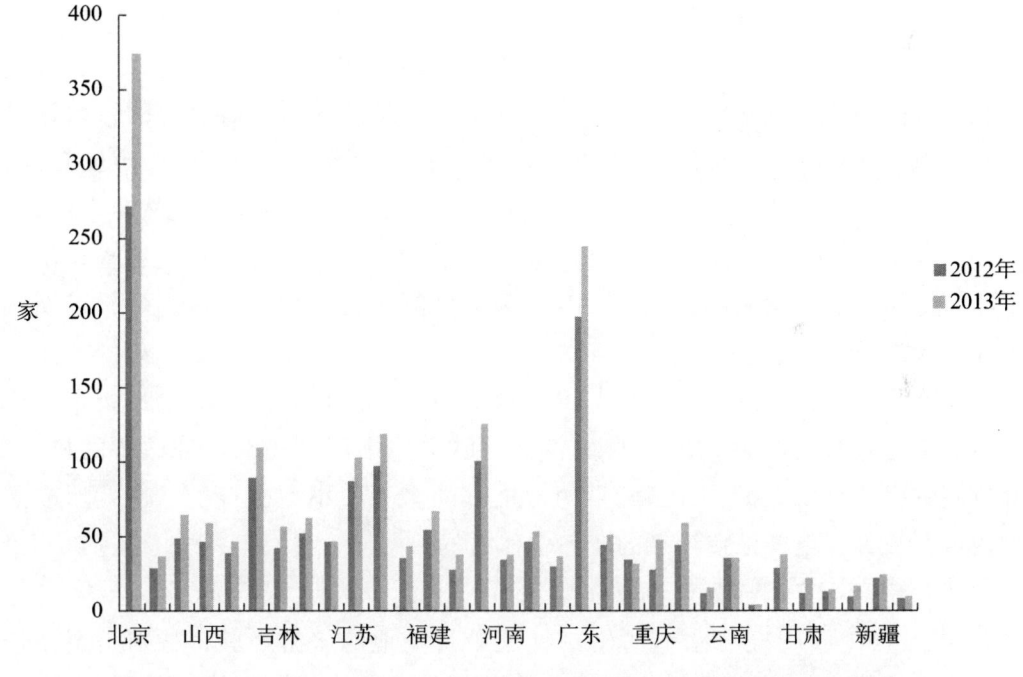

图 2-14　2012、2013 年经营中国公民出境旅游业务旅行社地域分布

（3）跨区展业边试边行

虽然 2009 年 5 月 1 日实施的新旅行社条例对旅行社异地设立分社在资质和资金要求上进行了松绑，但是由于地方保护、地方旅行社抵触、短期效益不明朗等各种原因，多数旅行社在异地展业方面均较为谨慎。然而，一方面由于旅行社分区域经营多年，区域内市场化竞争甚为激烈和充分，扩大业务规模存在

较大难度，甚至通过扩建收客网络和进行大规模营销推广所能获得的边际效益也越来越低；另一方面因旅游业务的毛利率有限，旅行社要想做大做强必须拥有较大的业务量支撑，在区域市场内难以挖掘的情况下，异地展业是相对发达地区的大型旅行社借由资金和品牌优势向欠发达地区进行市场突破的有利之举。除了国旅、中旅在系统内的全国范围收购外，凯撒国旅以华北地区为据点，先后成立了唐山、上海、成都、西安、哈尔滨、沈阳等十几家分公司；众信国旅也走出北京，在天津开设了第一家京外门店；广之旅将以并购为主要途径，全面实施全国布局计划。值得注意的是，相比之前许多旅行社跨区开设办事处，或者成立分社也仅仅用于地接本公司团队游客的情况而言，现在多数进行异地展业的旅行社已开始"摸着石头过河"，试探性地进行本地化经营。

（4）国际业务纵深递进

目前，与中国政府签订 ADS 协议的国家和地区超过 140 个，正式实施开放的旅游目的地达到 116 个，较去年仅增加 1 个。虽然国际旅游合作的行政许可空间有限，旅行社在批准的 ADS 协议目的地中进行增量业务扩张的难度较大，但是由于已批准目的地中的业务量非常不均衡，存量拓展的空间仍然非常巨大。2013 年以来，特别是《旅游法》出台之后，游客出境旅游需求增速明显，出境组团社纷纷将业务领域向伊朗、约旦、葡萄牙等非常规性目的地倾斜，以期获得先入者优势。

按照中国政府与各国签订的 ADS 协议，境外目的地政府需要批准指定资质优良的本地旅行社作为 ADS 地接旅行社，以保障中国公民在境外旅游的权益，维持旅游服务品质。据悉，国际目的地推荐的多为中小型旅行社，这就形成了境内组团社大、境外地接社小的业务合作格局。

（5）中高端产品成为竞争要地

首先，虽然许多旅游者有过常规性旅游目的地的旅游经验，特别是至今仍颇受追捧的多国游，让许多游客拥有过一次游历多个目的地的经历，但是一程多站式的旅游者很多时候不但不能获得与所游览目的地数量呈正相关的旅游满意度，而且往往会因疲劳、游览不充分等产生较为不愉悦的旅游体验，这部分旅游者再次出游时考虑前车之鉴而选择相对中高端旅游产品的意愿势必强烈。其次，通过亲身经历、口口相传、媒体报道等多种途径，很多游客已然了解到低价团在自身旅游权益和旅游品质上难以获得保障，加之随着人们收入水平不断提高，越来越多的游客有意愿也有条件选择中高端出境旅游产品。最后，

《旅游法》出台使得赴港澳、东南亚、韩国等低价团普通线路价格上涨明显，多数游客面对突如其来的高比例涨幅短期内难以理解和接受。与此同时，既有中高端产品因涨幅微弱，与原来的低价团之间的团费差额明显缩小，因此很多游客转而选择中高端产品出游。如西班牙、葡萄牙、约旦等线路的团费均在1.5万元以上，近年来，特别是《旅游法》出台后，游客趋之若鹜，广东中旅在这几条原先相对较冷的线路上的业务规模同比上升了50%以上。

（6）自由行产品成为推广重点

一直以来，自由行旅游产品不是出境组团社的优势业务领域，且因利润贡献率不高、聚集规模化需求相对不易等原因，这类产品成为出境组团社锦上添花型的利润来源，业务经营基本体现为等客上门。但随着散客化趋势的不断推进，特别是《旅游法》出台对出境组团社的传统拼团作业带来了较多的限制，旅行社违规经营的风险和成本明显增加。为此，许多出境组团社纷纷剥离业务流程中的风险点，并推进业务流程和旅游产品标准化，转而将较多的资源配置向自由行产品领域倾斜。据悉，广之旅、南湖国旅、广东中旅等几家旅行社为了争夺市场份额，近年来在广告投入上不甘落后，但是在自由行产品的推介上，无论哪家旅行社都不值一提。但是，《旅游法》出台前后，出境自由行产品开始大批量地登上广告版面，甚至已然成为旅行社产品宣传的标准化动作。如南湖国旅力推搭团自由行，加大力度将动感沙巴双飞五天、巴厘岛双飞五天、清迈双飞五天等自由行产品推向市场；广之旅更推出了浪漫海岛、日韩、台湾、新马、泰国、Club Med 等系列化自由行产品。

（三）出境旅游的发展趋势向好

在国内经济持续增长、人民币升值以及周边国家和地区入境旅游竞争力提升的影响下，我国出境旅游继续保持高速增长态势。预计2014年出境旅游规模1.14亿人次，同比增长16%；出境旅游花费1400亿美元，同比增长18%。旅游服务贸易逆差扩大至910美元。

作为国民旅游的有机组成，中国出境旅游的快速增长得益于中国庞大人口基数所产生的巨大旅游需求。尽管出境市场规模渐创新高，但与人口总量相比，中国公民出境旅游的出游率是较低的。如果仅考虑严格意义上的出国旅游，则出游率更低。从20世纪90年代以来，中国出境旅游仅仅经历了20多年的发展历程，因此中国出境游客中的大多数还是第一次踏出国门。面对116个可供选择的 ADS 目的地，多数游客会选择观光旅游产品。与此同时，随着多次出境游客的不断增多，以及在《旅游法》的影响下，选择自由行或半自助旅游产品的游客会明显增多，二次旅游和深度旅游的市场正在蓬勃发展。越来越多的出境游客会逐渐摆脱观光游览的传统旅游观念，消费需求将更加多样化，休闲度假旅游将成为趋势，个性化和定制化的旅游产品将成为热点。可以说，在较长一段时间内，中国出境旅游市场将会存在以观光、大众需求为基础，多样化、高端旅游需求并存的格局。

三、入境旅游——发展态势相对平稳

（一）入境旅游发展环境的不确定性较高

就外部环境而言，入境旅游发展的不确定性或可加剧。除经济形势、国家关系等常规因素外，天气环境和恐怖事件等因素的加入使得入境游的发展环境越来越复杂。当前，雾霾已经成为我国入境旅游的主要影响因素之一。此外，针对中国的恐怖事件近年来时有发生，给我国的入境旅游也蒙上了一层阴影。

从地区环境来看，周边国家普遍加强了对入境客源的争夺。在国际经济持续低迷的大背景下，旅游业成为国际贸易重要创汇领域的状况将呈常态化。越来越多国家，特别是我国周边国家和地区更加关注旅游业发展对于经济增长以及就业创造等方面的综合作用，纷纷在吸引入境游客方面加强力度，以加大促销力度、签证便利化等多种方式参与到入境旅游的市场竞争之中，客观上将导致目的地国家竞争态势的进一步加剧。

从市场规模来看，入境旅游总体规模将保持平稳增长态势。入境旅游市场出现波动，既需要引起高度重视，更需要科学认识。在经历高速发展之后，中国入境旅游开始呈现出相对平稳的发展态势，这是正常现象。受全球经济持续低迷、地缘政策、国际入境市场竞争加剧、人民币持续升值、我国环境问题突出等多重因素的影响，入境旅游需求相对平稳，市场平稳运行态势明显，回升空间相对有限。

就市场环境来看，《旅游法》的规范保障功能将日益展现。《旅游法》是一部以公民旅游权利促进和旅游者保护为导向的综合性立法，自 2013 年 10 月 1 日起开始实施，保障旅游者的合法权益被放在首要位置。《旅游法》的出台将在法律层面上保障旅游业健康发展的政策效应持续发酵。单纯靠价格竞争的运营商会逐渐丧失竞争优势,而通过优化和丰富产品体系,实现稳定市场价格和降低消费门槛的运营商会日趋主动。《旅游法》必定发挥其积极向上的规范及引导功能,促进以旅行社为代表的旅游行业的结构升级,从而使入境旅游业进一步成熟。

就政策导向而言,免签、免税等旅游便利化政策将为入境游发展注入新的动力。2013年我国免签取得重大进展,当年有北京、上海、广州、成都、重庆、沈阳、大连等7个城市口岸实施72小时过境免签政策,2014年又有西安加入。截至目前,已有8个城市口岸实行72小时过境免签政策。京西桂沪黄金线的主要城市或包含在内,或在其辐射范围之内。72小时过境免签政策涵盖51个国家。此外,霍尔果斯等口岸的免税示范区正在建设,有力地促进了边境旅游的发展。可以预计,包括免签、免税在内的旅游便利化政策将为入境旅游的发展注入新的动力。

(二) 入境旅游市场发展状况

1. 总体状况

(1) 入境市场总量小幅下降

2008—2013年,入境游客的规模总量不断波动,入境游客数量呈现先降低再上升再降低的反复式变化特征。2008年我国接待入境游客为13 002.7万人次,同比降低1.40%;2009年接待入境游客减少至12 647.59万人次,同比降低2.73%;2010年接待入境游客增至13 376.22万人次,同比增长5.76%;2011年接待入境游客增至13 542.36万人次,同比增长1.24%;2012年接待入境游客减少至13 240.53万人次,同比降低2.23%;2013年接待入境游客减少至12 907.78万人次,同比降低2.51%(见图2-15)。从总量上来看,2011年的入境旅游人次最高,2009年最低(因受金融危机的影响),但是随着2012年国家旅游局的各项促进我国旅游发展的举措推出,2012年度入境旅游市场已经恢复到经济危机前的状况,比2009年增长4.69%。2013年入境旅游人次较2012年有所降低,这在一定程度上是受到人民币汇率升高的影响,外国游客及港澳台游客到中国大陆来旅游所需花费比以前更多,因此在选择出境旅游时会更加谨慎。然而,随着世界经济的复苏和发展,在当前的国内外环境下,相信未来入境旅游人次规模会逐步回升。

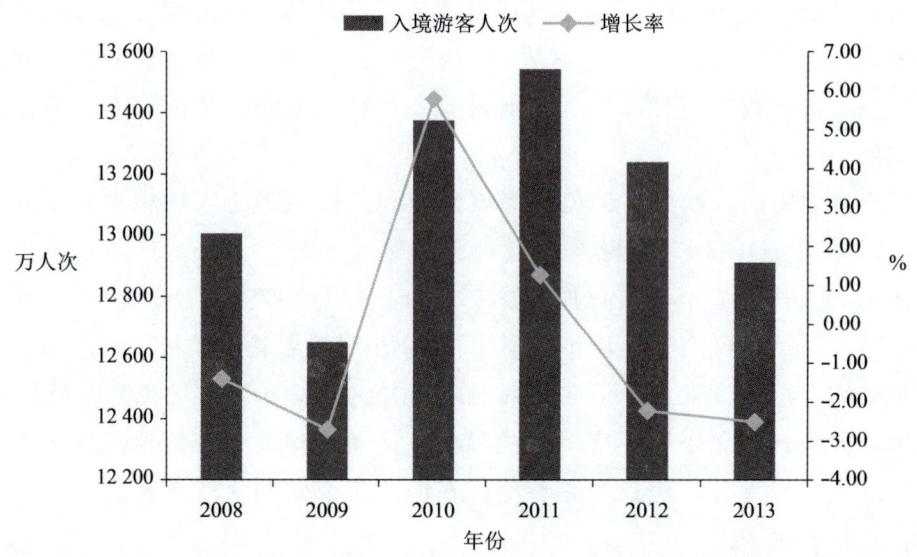

图 2-15 2008—2013 年入境旅游市场规模与增长情况

（2）入境外国市场整体平稳

2008—2013 年间，我国入境外国游客的规模总量呈现波动中逐步上升的发展趋势，入境外国游客数量呈现先降后升再降的反复式变化特征。2008 年接待入境外国游客为 2432.53 万人次，同比降低 6.83%；2009 年接待入境外国游客减少至 2193.75 万人次，同比降低 9.82%；2010 年接待入境外国游客增加至 2612.69 万人次，同比增长 19.10%；2011 年接待入境外国游客增至 2711.21 万人次，同比增长 3.77%；2012 年接待入境外国游客增至 2719.16 万人次，同比增长 0.29%；2013 年接待入境外国游客减少至 2629.03 万人次，同比降低 3.31%，总量维持平稳发展（见图 2-16）。受经济危机影响，2009 年的入境外国游客总量最低，但总体来看，外国人入境旅游人次呈现平稳增长趋势，从未降至 2000 万人次以下，且 2012 年的入境外国人次总量达到历史新高，这是相关部门工作成果的重大突破。2013 年入境外国游客人次虽较 2012 年有所减少，但降幅较小，考虑到人民币汇率的升高，2013 年入境外国市场整体状况依然向好。

第二章 国内、出境及入境旅游市场分析
Chapter 2　Domestic, Outbound and Inbound Business of Travel Agency

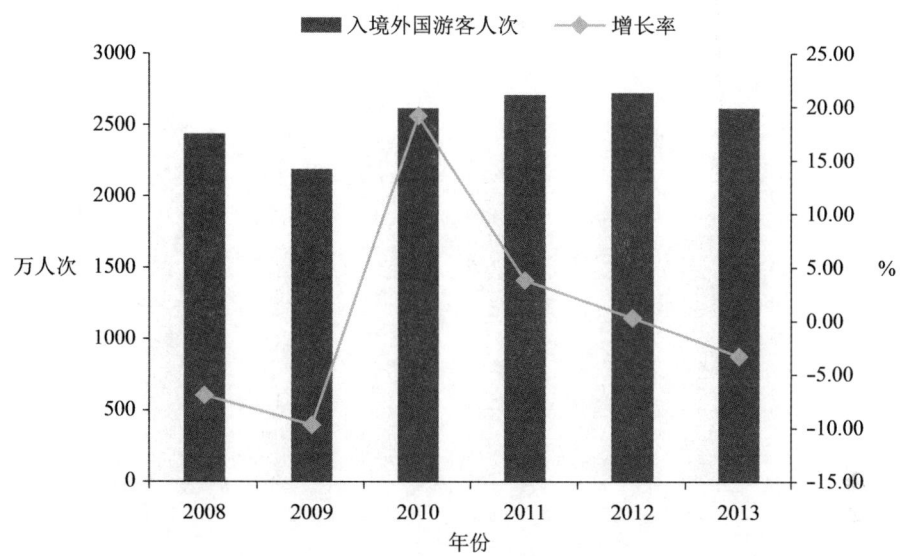

图 2-16　2008—2013 年入境外国旅游市场规模与增长情况

（3）入境外汇再创新高，增速持续平稳

2008—2013 年，入境旅游市场收汇呈现先升后稳再升的阶梯状增长特征，入境旅游外汇收入增速呈现先升后降、再升再降的波动式变化特征。2008 年入境旅游实现外汇收入 408.43 亿美元，同比降低 14.62%；2009 年入境旅游实现外汇收入 396.75 亿美元，同比降低 2.86%；2010 年入境旅游实现外汇收入 458.14 亿美元，同比增长 15.47%；2011 年入境旅游实现外汇收入 484.64 亿美元，同比增长 5.78%；2012 年入境旅游实现外汇收入 500.28 亿美元，同比增长 3.23%；2013 年入境旅游实现外汇收入 516.64 亿美元，同比增长 3.27%，继续保持世界第四的位置（见图 2-17）。从总量变化趋势来看，入境旅游外汇收入的绝对值是在不断增加的，2013 年度的外汇收入是 2008 年的 1.26 倍，说明中国在国际旅游市场份额不断增加，吸引了更多的境外游客来华。

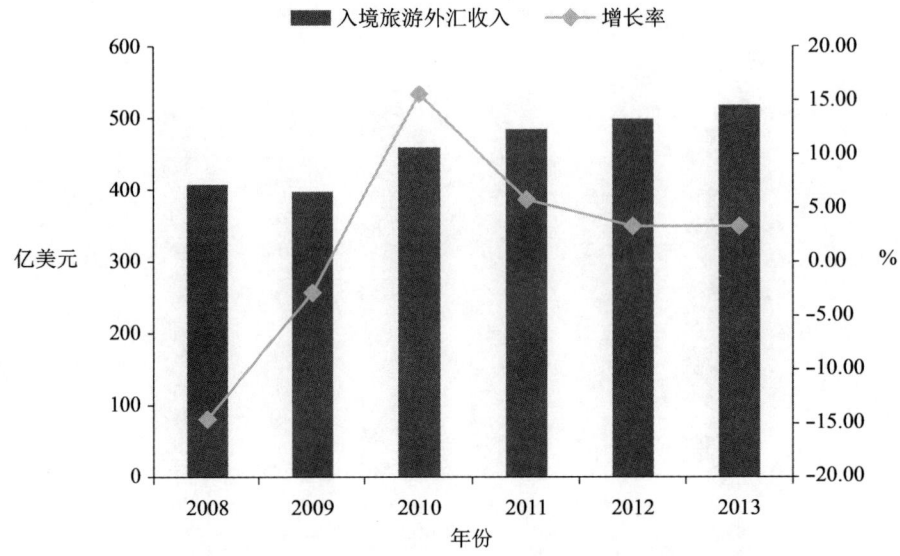

图 2-17　2008—2013 年入境旅游市场收汇与增长情况

（4）旅游外汇持续增加，出入境逆差持续扩大

随着我国国民经济持续向好，国民生活质量日益提升，出境旅游市场持续发展壮大。伴随出境旅游消费的持续上升，我国旅游服务贸易逆差保持了持续扩大的发展趋势。2013 年我国出境旅游消费达 1293 亿美元，我国旅游服务贸易逆差达 776.36 亿美元。

（5）旅游外汇收入和入境过夜游客数量世界第四

联合国世界旅游组织（UNWTO）公布的数据显示：2013 年，在旅游外汇收入排名中，中国以 517 亿美元位列第四，美国、西班牙、法国分别以 1400 亿美元、600 亿美元和 560 亿美元位列前三名。中国澳门和中国香港分别排名第五位和第十位。2013 年，在入境过夜游客接待人次排名中，中国以 5568.59 万人次位列第四，法国、美国、西班牙分别以 8300 万人次、7000 万人次、6100 万人次位列前三名。

2. 结构状况

（1）外国客源市场份额小幅下降，港澳台市场主力地位稳固

2013 年，中国大陆共接待入境游客 12 907.78 万人次，其中，接待香港同胞 7688.46 万人次，占全部入境市场份额的 59.56%；接待澳门同胞 2074.03

万人次，占全部入境市场份额的 16.07%；接待台湾同胞 516.25 万人次，占全部入境市场份额的 4.00%；接待外国游客合计 2629.03 万人次，占全部入境市场份额的 20.37%（见图 2－18）。

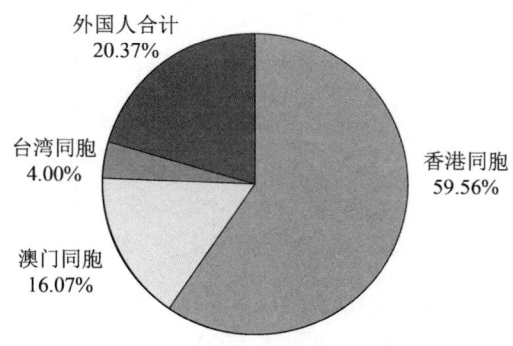

图 2－18　2013 年中国大陆入境旅游主要客源市场结构状况

2013 年，外国客源市场份额与去年同期相比略有降低，同比降低率为 0.17%。外国入境旅游客源总量比 2011 年和 2012 年都低一些，为 2629.03 万人次，外国客源市场份额小幅下降。港澳台入境旅游客源市场依旧是占据大陆入境旅游市场份额的主力军，其中香港同胞入境旅游比例达到 59.56%，比 2012 年又增长了 0.11%。

（2）主要客源国构成基本稳定，远程市场份额继续上升

从入境外国游客的客源构成来看，2013 年接待韩国游客 396.9 万人次，占入境外国游客总量的 15.10%，排名第一；接待日本游客 287.75 万人次，占入境外国游客总量的 10.95%，位居第二；接待俄罗斯游客 218.63 万人次，占入境外国游客总量的 8.32%，排名第三；接待美国游客 208.53 万人次，占入境外国游客总量的 7.93%，排名第四。韩国、日本、俄罗斯、美国合计向中国大陆输送游客 1111.81 万人次，占中国大陆接待入境外国游客总量的 42.29%，比上一年下降 2.33%。

紧随这四大客源国之后的其他客源市场状况如下：接待越南游客 136.54 万人次，占入境外国游客总量的 5.19%，排名从第六上升到第五；接待马来西亚游客 120.65 万人次，占入境外国游客总量的 4.59%，排名从第五下降到第六；接待蒙古游客 105 万人次，占入境外国游客总量的 3.99%，排名从第八上升到第七；接待菲律宾游客 99.67 万人次，占入境外国游客总量的 3.79%，排名从

第九上升至第八;接待新加坡游客96.66万人次,占入境外国游客总量的3.68%,排名从第七下降至第九;接待澳大利亚游客72.31万人次,占入境外国游客总量的2.75%,排名第十;接待加拿大游客68.42万人次,占入境外国游客总量的2.60%,排名第十一;接待印度游客67.67万人次,占入境外国游客总量的2.57%,排名从第十六上升至第十二;接待泰国游客65.17万人次,占入境外国游客总量的2.48%,排名第十三;接待德国游客64.93万人次,占入境外国游客总量的2.47%,排名从第十二下降至第十四;接待英国游客62.5万人次,占入境外国游客总量的2.38%,排名第十五;接待印度尼西亚游客60.53万人次,占入境外国游客总量的2.30%,排名从第十四下降至第十六;接待法国游客53.35万人次,占入境外国游客总量的2.03%,排名第十七;接待哈萨克斯坦游客39.35万人次,占入境外国游客总量的1.50%,排名第十八。韩国、日本、俄罗斯、美国、越南、马来西亚、蒙古、菲律宾、新加坡、澳大利亚合计向中国大陆输送游客1742.64万人次,占中国大陆接待入境外国游客总量的66.28%,接近七成的入境客源市场主要集中在前十大客源国(见图2-19)。

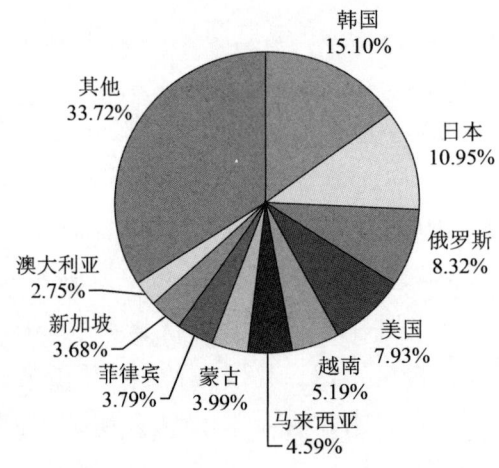

图2-19 2013年中国大陆主要客源国结构状况

中国大陆入境客源国的集中化程度较高,主要客源国构成相对稳定,大多为近程客源市场,同时也看到了远程客源市场份额上升的趋势。2013年入境旅游的亚洲游客为1608.83万人次,同比下降3.37%;美洲游客为312.38万人次，同比下降1.77%；欧洲游客为566万人次，同比下降4.42%；大洋洲游客为86.34万人次，同比下降5.64%；非洲游客为55.27万人次，同比增长5.28%。

（三）入境旅游将保持平稳发展的态势

1. 就外部环境而言，入境旅游发展的不确定性或可加剧

2013年以来，我国大范围持续雾霾天气影响到包括华北、黄淮、江淮、江汉、江南、华南北部等地区，受影响面积约占国土面积的四分之一，受影响人口约6亿。当前，雾霾已经成为入境旅游的主要影响因素之一。2013年的恐怖事件时有发生，给我国的入境旅游业蒙上了一层阴影。天气环境和恐怖事件等非常规因素的出现和持续影响使得入境游的不确定性更为加剧。

2. 从地区环境来看，周边国家普遍加强了对入境客源的争夺

2013年，日本旅游部门在海外的专项宣传预算增加了30%，约200亿日元，而各地方自治体的旅游宣传促销费累计高达600亿日元。日本文化部和经济产业部所掌握的旅游产业发展基金和宣传预算，高于日本政府旅游部门和地方自治体的旅游总预算。如日本47个都道府县的地方政府，仅在我国上海一地设立的商务旅游代表处就高达27个。除宣传促销外，汇率政策的调整与日元大幅贬值、实行宽松的签证政策、实施天空开放政策、扩大免税范围等举措也发挥了重要作用。2013年访日外国人数达到1032万人次，较上一年年增长23.4%。

2013年，东南亚地区各国也采取了措施积极吸引入境客源。新加坡设立500万新币基金培育能够吸引外国游客的临时娱乐、餐饮、零售或艺术活动等特色增值服务。印度尼西亚注重培育会展旅游市场。泰国、越南、菲律宾等国在促销上加大了投入，新加坡、印尼、泰国、越南、菲律宾等国的旅游人次和收入或多或少都有增长。据亚太旅游协会统计，2013年东南亚整体入境游增长率在13%左右。

2013年印度联邦政府旅游部宣布了数项推广"电影旅游"的举措，同时启动了"不可思议的印度喜马拉雅777天"宣传活动。在外国公民入境签证问题上，印度宣布给予英国、美国、加拿大、德国、法国、澳大利亚、马来西亚、韩国、泰国、俄罗斯、南非、哈萨克斯坦、阿根廷、巴西等40个国家和地区落地签证待遇，并着手对全球大多数国家实施旅游团体落地入境许可制度。2013

年 1 至 10 月份，印度接待入境旅游者 533 万人次，同比增长 4%。

3. 从市场规模来看，入境旅游总体规模将保持平稳增长态势

根据联合国世界旅游组织（UNWTO）最新数据显示：2013 年，世界各地共接待境外游客 10.87 亿人次，同比增长 5%。其中亚太地区增长 6%，领跑全球国际旅游。

从客源结构来看，当前，港澳台仍然是我国主要的入境客源市场，其中港澳市场接近饱和，增长空间相对有限。就外国人入境旅游市场来看，韩国作为我国入境市场的首要客源国，受国内经济影响，国内失业率上升，国民出境游意愿下降。日本市场由于受外交政策及日本持续实施激进的量化宽松政策所带来的日元大幅贬值，导致 2013 年日本入华游客持续大幅下降近三成，并在 2014 年一季度仍将延续下行趋势。

2013 年我国接待入境游客减少至 12 907.78 万人次，同比降低 2.51%，实现入境旅游外汇收入 516.64 亿美元，同比增长 3.27%。随着世界经济的复苏和发展，在当前的国内外环境下，相信未来入境旅游人次规模会呈现上升趋势。预计在多个因素的综合作用下，我国入境市场规模将保持平稳增长态势。2014 年入境人次数预计为 1.31 亿人次，较上一年同比增长 1.5%；外汇收入 523 亿美元，较上一年同比增长 2.0%。

4. 就政策导向而言，免签等旅游便利化政策将为入境游发展注入新的动力

72 小时过境免签政策开放国家涵盖 51 个，包括：奥地利、比利时、捷克、丹麦、爱沙尼亚、芬兰、法国、德国、希腊、匈牙利、冰岛、意大利、拉脱维亚、立陶宛、卢森堡、马耳他、荷兰、波兰、葡萄牙、斯洛伐克、斯洛文尼亚、西班牙、瑞典、瑞士、俄罗斯、英国、爱尔兰、塞浦路斯、保加利亚、罗马尼亚、乌克兰、塞尔维亚、克罗地亚、波黑、黑山、马其顿、阿尔巴尼亚、美国、加拿大、巴西、墨西哥、阿根廷、智利、澳大利亚、新西兰、韩国、日本、新加坡、文莱、阿联酋、卡塔尔。此外，霍尔果斯等口岸的免税示范区正在建设，有力地促进了边境旅游的发展。可以预计，包括免签、免税在内的旅游便利化政策将为入境旅游的发展注入新的动力。

第三章
旅行服务业的需求分析及
游客消费行为

一、游客特征分析

（一）游客地域分布结构

2013年国内参团游客和散客的地域分布相对都比较均衡。与国内散客相比，出行距离为中近程和远程的，团队出行的比例略高于散客的比例。

从国内团队出行看，2013年游客旅游距离在151~300公里和1001公里以上的游客人数最多，占比分别为21.30%和20.50%；其次是51~150公里，占比达到18.82%；再次是301~500公里和501~1000公里的，分别占14.46%和14.17%；所占比例较少的是50公里以内的，占10.21%，但与2012年相比，该数据增幅也有近3%。与国内散客出行相比，2013年国内团队游客在151~500公里以上的中程出游以及1001公里以上的远程出游比例相对较高。国内散客在50公里以内的近程出游比例相对较高。与2012年相比，国内团队出行距离50公里以内、501~1000公里和1001公里以上的近程和远程出游比例有上升趋势，51~500公里的中近程出游比例有下降趋势；国内散客300公里以内的出游比例都有所下降，300公里以上的出游比例都有不同幅度的上升（见表3-1、图3-1）。

表3-1　2012、2013年国内游客出行距离占比情况

比例% 距离	2012年		2013年	
	国内团队	国内散客	国内团队	国内散客
50公里以内	7.27	19.70	10.21	18.17
51~150公里	20.96	20.20	18.82	17.77
151~300公里	25.28	21.30	21.30	18.01
301~500公里	15.50	11.00	14.46	12.52
501~1000公里	13.61	10.80	14.17	14.32
1001公里以上	16.25	15.80	20.50	18.75
其他	1.14	1.30	0.52	0.45

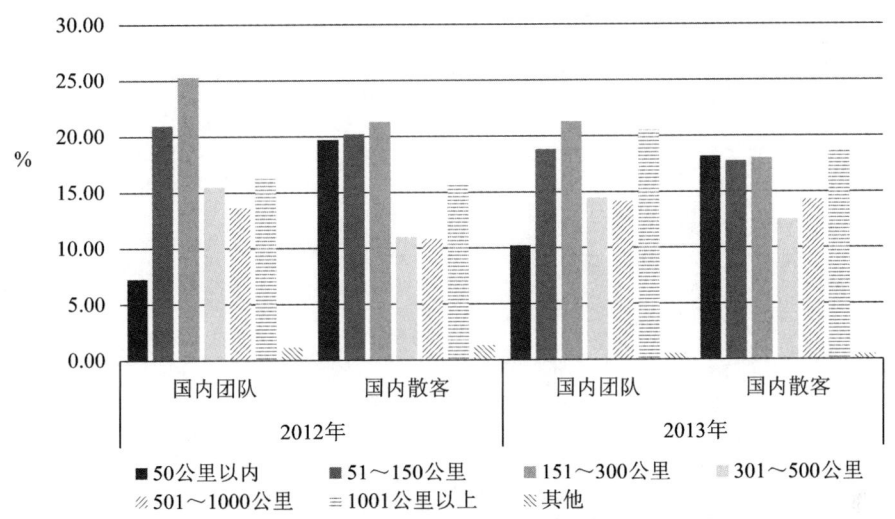

图3-1 国内游客出行距离分布

从总体数据来看,游客出游的距离主要集中在 51～300 公里的较近程的地点,若以居民的居住地为圆心来看,这个区域大多以省(市)内部非居住地的旅游以及相邻省(市)之间的流动为主。另一方面,1001 公里以上的出游距离占比保持着增长的势头。这些远距离的出游目的地大都与游客的常住地的环境差别较大,而这也是很多游客出游的主要动机之一。从这种远距离出游形式的增长也可以了解到,游客的旅游需求随着时间在增长。

从入境团队看,游客地域分布集中在港澳台、韩国、美国、俄罗斯、新加坡、马来西亚等主要客源地。2013 年入境团队游客比例前六位的国家和地区依次是中国香港、中国台湾、韩国、中国澳门、美国、俄罗斯,分别占 20.41%、11.19%、9.67%、7.48%、6.50%、6.05%,累计比例达 61.30%;新加坡、马来西亚、泰国、日本、英国、德国、加拿大、法国、澳大利亚等国家和地区来中国旅游的游客相对少一些,但是总体的占比超过 2%。与入境散客相比,来自中国港澳台地区、新加坡和马来西亚的团队游客比例较高,而来自美国、印度、德国、英国、澳大利亚的团队游客比例小于散客。与 2012 年相比,2013 年来自中国港澳台地区、韩国、泰国和俄罗斯等主要客源地的团队和散客比例均有所上升,而日本、英国、澳大利亚、新西兰等主要客源地的团队游客比例有所下降(见表 3-2)。

表 3-2　2012、2013 年入境游客客源地占比情况

比例% 客源地	2012 年		2013 年	
	入境团队	入境散客	入境团队	入境散客
中国香港	11.81	9.25	20.41	12.59
中国台湾	10.70	5.07	11.19	8.77
韩国	3.69	5.73	9.67	5.94
中国澳门	4.80	3.30	7.48	4.95
美国	6.64	11.67	6.50	10.47
俄罗斯	1.11	1.98	6.05	4.53
新加坡	3.69	3.30	4.46	2.83
马来西亚	3.69	1.10	4.23	1.70
泰国	0.74	0.88	3.63	2.69
日本	5.90	2.64	3.40	2.97
英国	5.90	8.59	3.33	5.09
德国	4.06	3.30	2.87	5.52
其他国家或地区	6.64	9.03	2.34	6.36
加拿大	4.80	5.07	2.19	3.54
法国	4.43	4.63	2.12	3.96
澳大利亚	7.75	4.63	2.04	5.52
西班牙	1.85	2.42	1.44	1.13
意大利	2.21	3.96	1.06	1.70
哈萨克斯坦	0.37	0.00	1.06	1.13
菲律宾	0.37	0.00	1.06	0.42
瑞典	1.48	0.88	0.76	0.99
新西兰	2.21	1.32	0.76	0.71
印尼	0.37	1.54	0.60	0.14
印度	1.85	4.63	0.45	2.40
蒙古	0.00	0.44	0.38	0.14

续表

比例% 客源地	2012年		2013年	
	入境团队	入境散客	入境团队	入境散客
朝鲜	1.11	0.00	0.30	0.28
非洲	1.11	2.42	0.15	2.12
荷兰	0.74	2.20	0.08	1.41

就传统的几大入境客源地的数据看来，入境游客出现降幅较大的几个国家分别是日本、英国、加拿大、澳大利亚和新西兰。其中英国、加拿大和新西兰的入境团队和散客的比例都有所下降，但是日本和澳大利亚两国的入境散客比例都有不同程度的增长。近年来，中日和中澳关系都出现了不同程度上的不稳定因素，两国的入境游客出现了相应的降幅。根据国内最大的在线旅游公司携程旅行网发布的2013年海岛旅游排行榜显示，2013年中国游客出境海岛游人数增长超过50%，但是受中日两国领土争端等因素影响，日本冲绳岛成为人气降幅最大的海岛。可以看出，国家间的关系发展也极大地影响着旅游事业的发展，特别是旅游人口的流动方向。

但与此同时，值得我们注意的是入境散客的增幅。从入境散客的增幅也可以看出，虽然国家政府之间的关系紧张，但是民间的关系却依然不错，民间的来往并没有由于国家关系的紧张而减少。

（二）游客的出游目的

游览观光、休闲度假依然是参团游客的主要出游目的。

国内团队和入境团队等不同参团游客的出游目的都主要是以游览观光、休闲度假为主，其中，游览观光的游客比例仍高于休闲度假游客。

从国内团队看，2013年以游览/观光、休闲/度假为出游目的的游客所占比例较大，分别占52.46%、40.96%，其次是以探亲访友为目的出游的游客，占3.25%，商务和文体/教育/科技交流为目的出游的游客占比分别为0.60%和0.57%，以会议、宗教/朝拜、健康医疗等其他目的出游的游客相对较少，合计仅占0.88%。与2012年相比，国内团队以休闲/度假为主要出游目的的游客比例有所上升，而以游览/观光和探亲访友为目的出游的游客比例相对持平，以健康医疗为目的的国内团队比例由0上升至0.25%（见表3-3、图3-2）。

表3-3　2012、2013年国内游客出游目的占比情况

比例% 出游目的	2012年		2013年	
	国内团队	国内散客	国内团队	国内散客
游览/观光	52.66	48.73	52.46	49.05
休闲/度假	39.23	39.21	40.96	38.51
探亲访友	3.48	6.39	3.25	7.44
其他	0.62	0.69	1.28	1.05
商务	1.59	2.11	0.60	1.59
文体/教育/科技交流	1.59	1.02	0.57	0.88
会议	0.44	0.58	0.38	0.80
宗教/朝拜	0.40	0.81	0.25	0.26
健康医疗	0.00	0.46	0.25	0.42

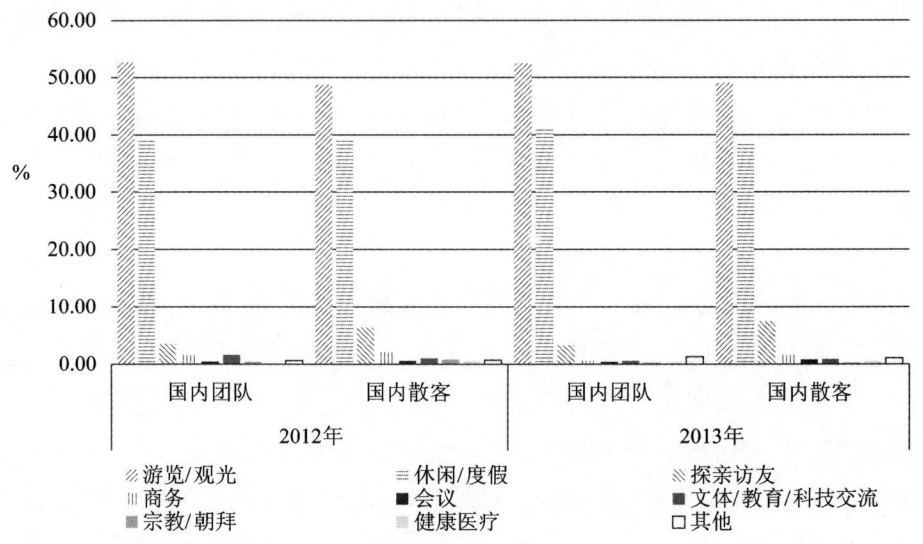

图3-2　国内游客出游目的分布

从入境团队看，与2012年相比，2013年入境团队出游目的占比较大的依然是山水风光、文化艺术、文物古迹、购物消费、美食烹调，占比依次达到

48.83%、48.45%、34.77%、27.36%、21.39%。但以欣赏山水风光、文物古迹为目的的游客的比例都有所下滑,并且降幅均超过12%;而另一方面,以购物消费、文化艺术、医疗保健、节庆会展、学习培训和乡村度假为目的的游客比例都有较大幅度的增长,特别是文化艺术和节庆会展的占比增长均超过12%。2013年,以欣赏文物古迹为目的的游客,入境的团队和散客比例之间的差值超过12%(见表3-4)。

表3-4 2012、2013年入境游客出游目的占比情况

比例% 出游目的	2012年		2013年	
	入境团队	入境散客	入境团队	入境散客
山水风光	61.62	49.56	48.83	44.84
文化艺术	34.32	32.38	48.45	44.27
文物古迹	53.51	54.63	34.77	47.95
购物消费	19.93	18.06	27.36	23.20
美食烹调	25.09	30.40	21.39	30.41
节庆会展	4.43	5.29	17.31	13.44
学习培训	4.06	6.17	12.55	10.04
气候生态	9.96	3.96	11.87	8.49
医疗保健	2.95	2.42	10.36	5.80
乡村度假	4.06	5.07	9.30	6.51
其他	4.06	4.41	4.01	2.55
建筑设施	4.43	5.51	3.40	3.82

与入境的游客相比,出境的游客旅游目的大不相同。据相关资料显示,2009年至2012年中国游客海外总消费增长了两倍,2013年又增长了20%。研究显示,法国是最受中国游客欢迎的消费地点,其次是德国和新加坡,时装是最受中国游客欢迎的消费品类。与入境游客相比,中国人出境的消费能力比较强,并且消费的产品品类相对较昂贵。

（三）游客的信息需求

亲朋好友介绍、网站/BBS/论坛和报纸/杂志/书籍以及旅行社的咨询是参团游客出游的主要信息来源渠道。国内团队游客更倾向于亲朋好友的口碑相传，入境团队游客选择网络媒体获取出游信息的比例相对更高。

从国内团队看，2013年了解旅游信息的渠道主要以亲朋好友介绍、网站/BBS/论坛为主，分别占53.89%和45.63%，通过报纸/杂志/书籍、到旅行社咨询和电视/广播获取出游信息的游客比例也相对较高，分别占30.34%、19.80%、15.94%，通过旅游地自己的推广活动、户外广告等其他方式获取出游信息的游客数量相对较少。与国内散客相比，2013年国内团队游客通过到旅行社咨询获取出游信息的比例相对更高。与2012年相比，2013年只有通过到旅行社咨询获取出游信息的游客比例有所下降，而通过其他方式获取出游信息的游客比例均呈上升趋势，增幅大多在2%~3%。从这种变化中，我们可以看到，2013年自主了解旅游信息的游客比例在上升，所以也可以看出居民的出游意愿较上一年也是有所上升的。

从入境团队看，了解旅游信息的渠道以网站/BBS/论坛、报纸/杂志/书籍、亲朋好友介绍、到旅行社咨询和电视/广播为主的游客所占比例较大，分别占50.87%、35.07%、32.12%、26.61%和21.39%，占比均超过20%。其次是以户外广告和旅游地自己的推广活动为主要了解渠道的游客相对较少，占比分别为12.17%和11.04%，较2012年增幅均超过5%。与入境散客相比，只有通过网站/BBS/论坛获取出游信息的比例低于入境散客，通过其他方式获取出游信息的比例均高于入境散客，其中，游客通过到旅行社咨询获取出游信息的入境团队比例更高，高出入境散客的比例近10%。与2012年相比，2013年入境团队游客除通过网站/BBS/论坛、亲朋好友介绍为主要了解渠道来获取出游信息的比例有所下降之外，其余途径的比例均有不同幅度的上升。其中，通过网站/BBS/论坛获取出游信息的比例降幅较大；而通过报纸/杂志/书籍和电视/广播为主要了解渠道来获取出游信息的比例增幅较大（见表3-5、图3-3、图3-4）。

表 3-5　2012、2013 年国内游客和入境游客旅游信息获取渠道占比情况

比例% 信息获取渠道	2012 年		2013 年		2012 年		2013 年	
	国内团队	国内散客	国内团队	国内散客	入境团队	入境散客	入境团队	入境散客
亲朋好友介绍	50.59	55.00	53.89	54.14	34.32	31.72	32.12	31.40
网站/BBS/论坛	45.40	41.69	45.63	44.89	62.73	64.10	50.87	69.87
报纸/杂志/书籍	27.92	24.93	30.34	29.50	25.46	24.67	35.07	34.79
到旅行社咨询	24.09	7.22	19.80	13.71	21.77	9.25	26.61	17.54
电视/广播	12.37	11.97	15.94	16.08	12.55	8.15	21.39	17.82
旅游地自己的推广活动	6.96	7.92	8.24	9.47	5.17	2.20	11.04	7.64
户外广告	5.72	5.86	6.74	6.45	6.27	5.73	12.17	9.19
其他	1.63	4.12	1.65	3.11	5.90	3.08	2.87	2.69

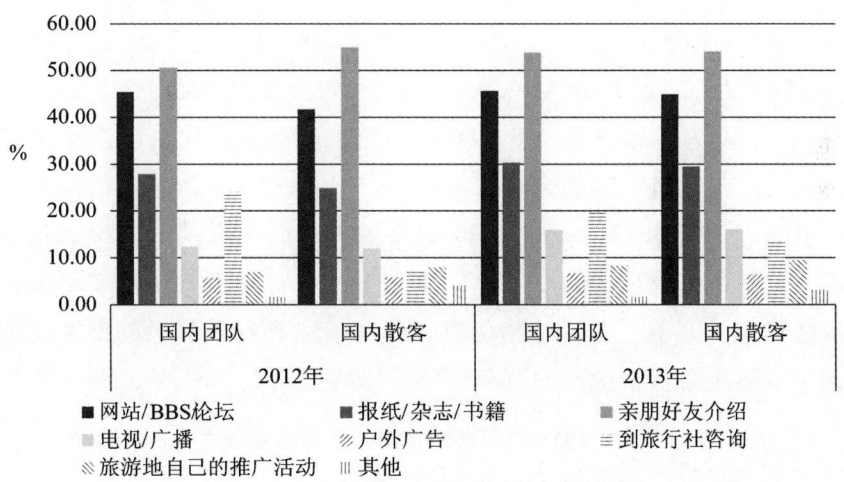

图 3-3　国内游客旅游信息获取渠道分布

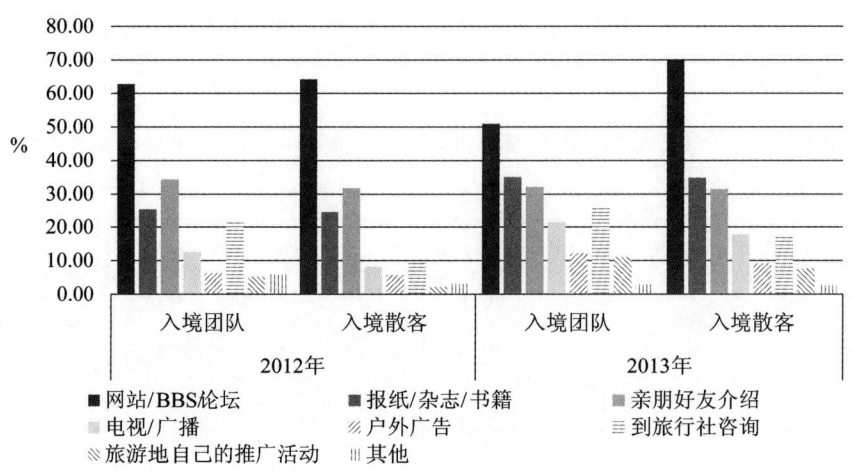

图 3-4 入境游客旅游信息获取渠道分布

国内团队游客出游前主要了解景区（点）信息、旅游价格信息、交通信息等。

2013年，国内团队游客中主要了解景区（点）信息、旅游价格信息、交通信息的游客所占比例较大，分别占60.54%、40.10%、37.58%，其次是住宿信息（19.80%）、旅游地民俗风情（19.16%）、特色购物街区（12.99%）、娱乐信息（10.97%）及其他（8.01%）。与国内散客相比，国内团队游客出游前除了解交通信息和特色购物街区的游客所占比例较小外，其他的信息了解的比例都要比散客高。与2012年相比，2013年国内团队出游前了解交通信息、旅游地民俗风情、特色购物街区的游客比例有上升趋势，但上升幅度都不大；而出游前了解景区（点）信息、旅游价格信息、住宿信息和娱乐信息的游客比例均有所下降，其中了解旅游价格信息的游客比例下降幅度较大（见表3-6、图3-5）。

表3-6 2012、2013年国内游客出游前信息搜集内容占比情况

比例% 搜索内容	2012年		2013年	
	国内团队	国内散客	国内团队	国内散客
景区（点）信息	63.23	58.82	60.54	58.27
旅游价格信息	46.15	35.53	40.10	37.04
交通信息	36.86	44.47	37.58	39.14

续表

比例% 搜索内容	2012年		2013年	
	国内团队	国内散客	国内团队	国内散客
住宿信息	21.40	18.84	19.80	18.49
旅游地民俗风情	18.80	13.87	19.16	16.87
特色购物街区	11.58	9.33	12.99	13.60
娱乐信息	11.85	10.58	10.97	10.63
其他	1.85	4.00	8.01	14.00

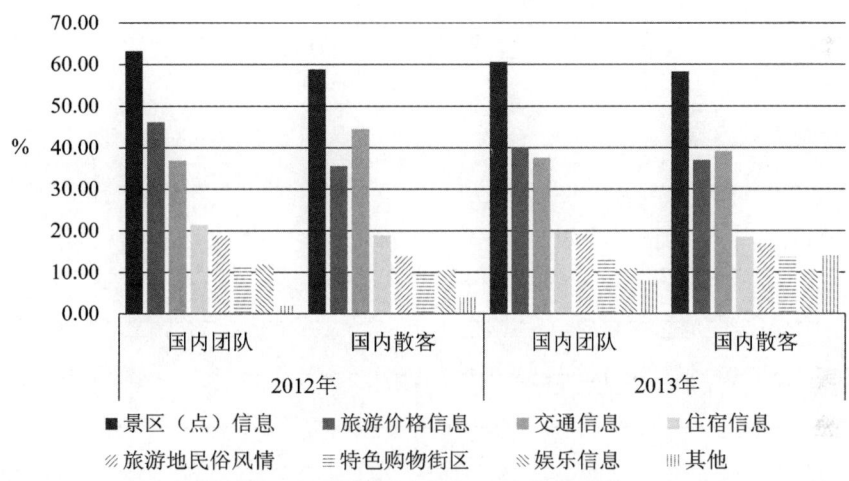

图3-5 国内游客信息搜集内容分布

入境团队对于当地的旅游法规的重视程度极大加深，当地政策和法规、旅游产品和服务介绍、旅游景区接待情况构成入境游客关注的三个重点。

入境团队中主要了解当地政策和法规、旅游产品和服务介绍、旅游景区接待情况等旅游信息所占比例较大，分别占54.12%、40.06%、35.90%，其次是旅游交通/天气等生活信息（24.19%）、旅游购物环境情况（19.58%）、特色文化娱乐活动（16.02%）、旅游价格（10.96%）及其他（13.53%）。与入境散客相比，入境团队出游前了解当地政策和法规、旅游产品和服务介绍、旅游景区接待情况和旅游购物环境情况的游客所占比例较大；出游前了解旅游交通/天气等生活信息以及旅游价格的游客所占比例较小。与2012年相比，入境团队出游前了解当地政策和法规、旅游景区接待情况、旅游产品和服务介绍、旅游购物环境情况的游客比例均有所上升，其中，了解当地政策和法规的游客比例增幅超过了100%，了解旅游景区接待情况的游客比例上升幅度也超过了10%。另一方面，出游前了解旅游交通/天气等生活信息、特色文化娱乐活动、旅游价格的游客占比均在下滑，其中出游前了解旅游价格的游客的降幅超过60%。而入境散客的变化基本与团队变化一致（见表3－7、图3－6）。

表3－7　2012、2013年入境游客信息搜集内容占比情况

比例% 搜索内容	2012年		2013年	
	入境团队	入境散客	入境团队	入境散客
当地政策和法规	25.83	26.21	54.12	43.71
旅游产品和服务介绍	38.75	31.50	40.06	33.10
旅游景区接待情况	22.14	16.74	35.90	33.38
旅游交通/天气等生活信息	36.16	45.59	24.19	32.39
旅游购物环境情况	16.97	14.32	19.58	18.95
特色文化娱乐活动	23.99	18.50	16.02	16.69
旅游价格	29.52	26.87	10.96	18.53
其他	5.17	4.41	13.53	8.35

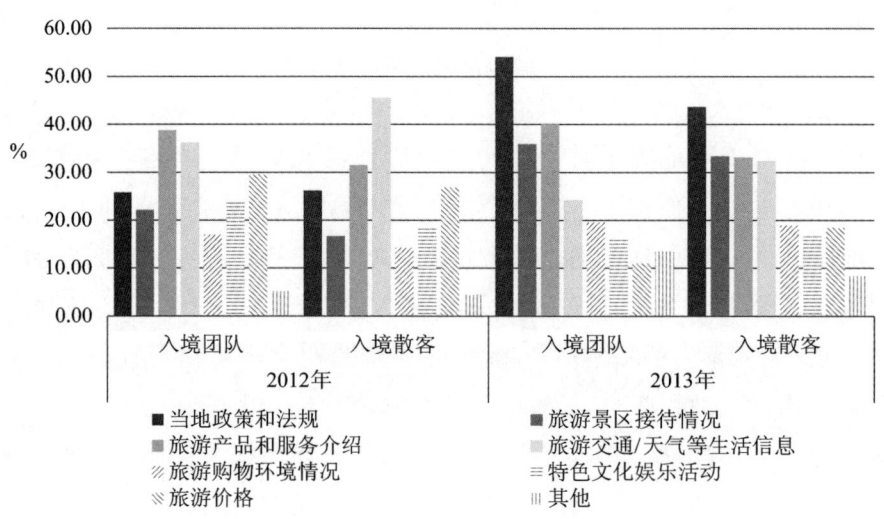

图3－6　入境游客信息搜集内容分布

《旅游法》依据《消费者权益保护法》和旅游行业特征，明确了游客的权益和经营者的义务，并对饱受诟病的"强迫购物""价外加价""零负团费"等众多损害消费者权益的行业"潜规则"予以严厉禁止。这部法律的颁布实施，必将对规范我国高速发展的旅游市场产生深远影响，也终究会兑现消费者对安全愉快出游的憧憬和向往。这部法律实施以来，越来越多的游客开始关注自己在旅行过程中所受到的不公正待遇。但是与入境游客不同的是，国内游客在出行前了解相关法律知识的比例并不高，一方面是自身的法律意识薄弱，另一方面也可能是因为以前发生的相关事件中，很少有游客能够拿起法律武器来保护自己的合法利益，因而游客的积极性也有所降低。但是入境旅游的国外游客则比较重视自身利益，所以在入境游客中，很多人都会提前了解一下目的地的政策和法规，以便在旅游过程中出现状况的时候能够尽量地维护自身的利益。

（四）游客的设施与服务需求

景点吸引力/旅游地吸引力和旅行费用成为影响国内团队游客出游的重要因素。2013 年国内团队游客认为景点吸引力/旅游地吸引力、旅行费用影响最大的游客所占比例较大，分别占 35.86%、21.81%，其次是旅游地交通、休闲的环境，分别占 15.37%、12.41%，认为住宿条件（6.91%）和特色饮食（6.55%）对其出行的影响较小。与国内散客相比，国内团队认为景点吸引力/旅游地吸引力、旅行费用、休闲的环境影响最大的游客所占比例略大于散客的比例；而认为住宿条件、特色饮食影响最大的游客所占比例较小，占比均低于 10%。与 2012 年相比，2013 年国内团队认为旅游地交通影响最大的游客所占比例上升；而认为休闲的环境影响最大的游客所占比例下降（见表 3 – 8、图 3 – 7）。

表 3 – 8　2012、2013 年国内游客出游影响因素占比情况

影响因素 \ 比例%	2012 年		2013 年	
	国内团队	国内散客	国内团队	国内散客
景点吸引力/旅游地吸引力	34.52	31.74	35.86	34.59
旅行费用	23.03	20.07	21.81	21.37
旅游地交通	13.83	19.10	15.37	16.17

续表

比例% 影响因素	2012 年		2013 年	
	国内团队	国内散客	国内团队	国内散客
休闲的环境	15.32	12.27	12.41	12.26
住宿条件	7.13	8.89	6.91	7.05
特色饮食	5.59	6.32	6.55	6.94
其他	0.57	1.62	1.09	1.61

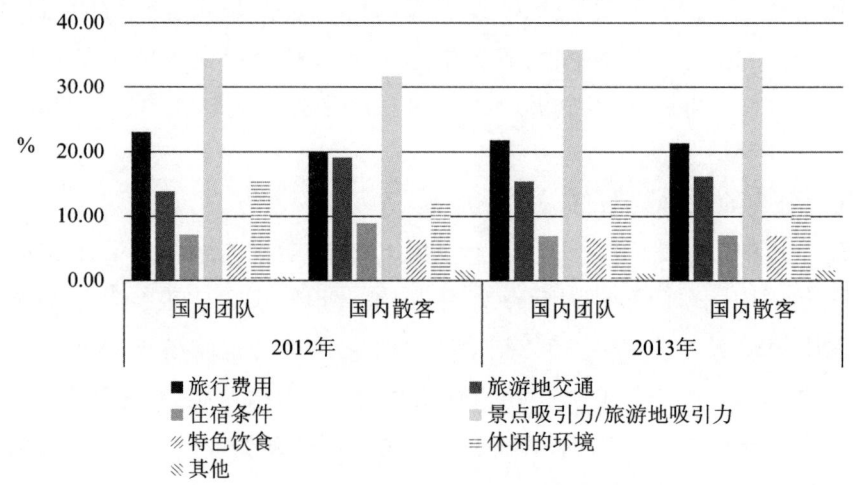

图 3-7 国内游客出游影响因素分布

旅游地吸引力、旅行费用和休闲的环境是影响入境团队游客出游的最重要因素。认为旅游地吸引力、旅行费用、休闲的环境影响最大的游客所占比例较大，分别占 56.54%、50.79%、41.95%，其次是距离（35.90%）、特色饮食（30.16%）、沟通交流（29.71%）、城市形象（27.74%）、居民友善好客（26.61%）、住宿条件（19.35%）、信息获取（16.81%）、节事活动（16.02%），认为民风民俗（13.83%）、旅行安全（12.47%）、旅游地交通（11.11%）影响最大的游客相对较少。与入境散客相比，入境团队除认为民风民俗影响最大的游客所占比例小之外，其他的因素占比都要高于入境散客的比例。与 2012 年相比，2013 年入境团队在旅行费用、住宿条件、旅游地吸引力、特色饮食、休闲的环境、信息获取、沟通交流、城市形象、节事活动、居民友善好客方面的关注度都有不同程度的上升，其中旅行费用、旅游地吸引力、休闲的环境、信息获取、沟通交流、节事活动、居民友善好客方面的增幅大，部分增幅超过100%，最高增幅达500%（居民友善好客）。与入境散客相比，入境团队更加注重旅行费用、距离、沟通交流、旅游地吸引力、休闲的环境等（见表3-9）。

表3-9 2012、2013年入境游客出游影响因素占比情况

比例% 影响因素	2012年		2013年	
	入境团队	入境散客	入境团队	入境散客
旅游地吸引力	25.83	23.35	56.54	45.54
旅行费用	28.78	26.43	50.79	39.32
休闲的环境	8.86	8.59	41.95	28.29
距离	—	—	35.90	26.73
特色饮食	19.56	16.74	30.16	27.30
沟通交流	7.01	12.56	29.71	21.07
城市形象	18.08	10.35	27.74	20.08
居民友善好客	4.43	8.59	26.61	23.90
住宿条件	16.97	10.35	19.35	13.58
信息获取	6.27	6.17	16.18	11.46
节事活动	4.06	2.64	16.02	15.42
民风民俗	14.76	12.11	13.83	15.13
旅行安全	—	—	12.47	11.17
旅游地交通	14.02	9.25	11.11	10.04
其他	6.64	15.86	6.95	11.74

二、游客行为分析

（一）游客的出游形式

和家人、好友结伴而行是参团游客最主要的出行形式。

从国内团队看，和好友结伴出游、和家人一起出游的游客所占比例较大，

分别占38.06%和34.92%，其次是公司/班级/社团等集体出游和独自出游，分别占13.87%和6.11%，机关/事业单位同事、网络结伴等其他方式出游的游客相对较少。与国内散客相比，国内团队选择与公司/班级/社团等集体出游的比例相对较高；而选择和家人一起出游、独自出游等形式的游客比例相对略低于国内散客。与2012年相比，2013年国内团队选择和家人一起出游和独自出游成为参团出行中仅有的增幅项目；选择驴友等自助组织出游和机关/事业单位同事一起出游的降幅较大。

从入境团队看，和家人一起出游、和好友结伴出游的游客所占比例较大，分别占38.40%和36.43%，其次是独自出游、公司/班级/社团等集体出游，分别占9.83%和9.75%，驴友等自助组织出游、机关/事业单位同事一起出游和网络结伴出游的游客相对较少。与入境散客相比，入境团队选择和家人一起出游、和好友结伴出游、公司/班级/社团等集体出游的比例相对较高；而选择独自出游和驴友等自助组织出游的游客比例相对较低。与2012年相比，2013年入境团队选择和家人一起出游的游客比例降低，而和好友结伴出游的比例有所上升；机关/事业单位同事一起出游的比例降幅最大（见表3-10、图3-8、图3-9）。

表3-10　2012、2013年国内游客和入境旅客出游方式占比情况

比例% 出游方式	2012年		2013年		2012年		2013年	
	国内团队	国内散客	国内团队	国内散客	入境团队	入境散客	入境团队	入境散客
和好友结伴出游	39.76	42.85	38.06	39.28	25.09	25.33	36.43	34.79
和家人一起出游	30.21	35.05	34.92	36.45	42.80	36.34	38.40	32.25
公司/班级/社团等集体出游	16.42	6.53	13.87	8.54	12.18	5.51	9.75	5.66
独自出游	1.14	11.69	6.11	10.51	11.07	22.25	9.83	18.39
其他	30.21	0.28	3.81	0.20	1.11	0.88	1.44	0.85
机关/事业单位同事出游	6.21	2.38	3.18	3.00	5.17	6.17	1.97	1.98
网络结伴出游	0.48	0.37	0.06	0.41	0.74	0.44	0.15	0.71
驴友等自助组织出游	5.77	0.86	0.00	1.61	1.85	3.08	2.04	5.37

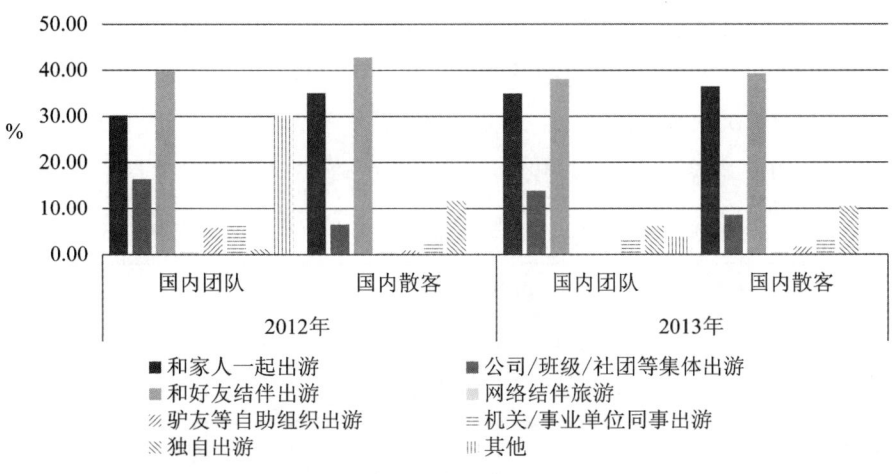

图3-8 国内游客出游方式分布

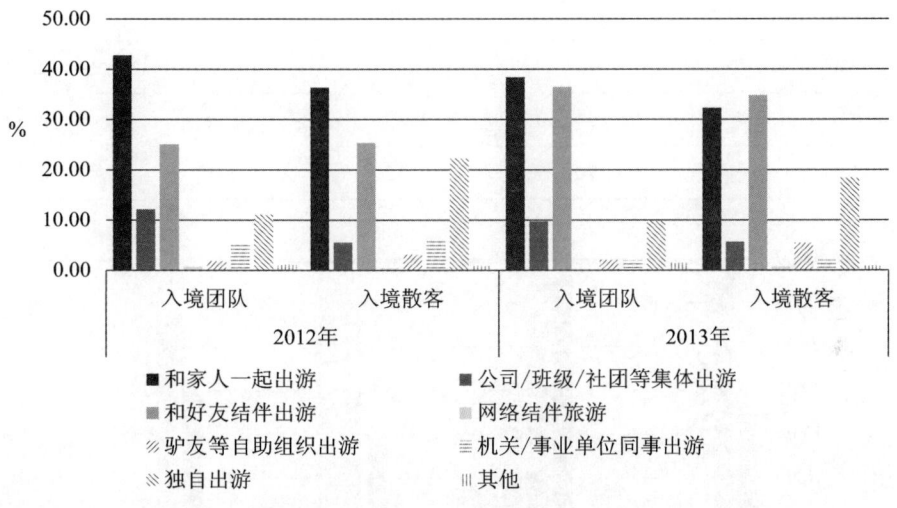

图3-9 入境游客出游方式分布

(二) 出游花费金额

团队游客处于普通大众水平的花费略高于散客,但散客的高额花费多于团队游客。

从国内团队看,游客人均每次花费在500元以下、501~1000元、1001~2000元、2001~3000元的游客所占比例较大,分别占13.91%、28.67%、33.06%、14.77%,其次是3001~5000元、5001~10 000元的游客,分别占7.16%和2.25%,人均花费在10 000元以上的游客较少(占0.19%)。与国内散客相比,国内团队游客的人均花费水平相对较高,在 500～5000 元间的各水平的人均花费比例均高于国内散客。与 2012 年相比,2013 年国内团队游客在 1000 元以上至 3000 元以下的人均花费水平均出现增幅;而在 500 元以下和 3000 元以上的人均花费水平均出现不同程度的降幅(见表 3-11、图 3-10)。

表 3-11　2012、2013 年国内游客人均花费占比情况

比例% 花费金额(元)	2012 年		2013 年	
	国内团队	国内散客	国内团队	国内散客
500 以下	17.31	33.19	13.91	19.84
501～1000	33.11	28.13	28.67	27.69
1001～2000	26.38	20.46	33.06	28.73
2001～3000	11.01	8.84	14.77	13.98
3001～5000	7.75	6.11	7.16	6.94
5001～10 000	3.74	2.62	2.25	2.43
10 000 以上	0.70	0.65	0.19	0.39

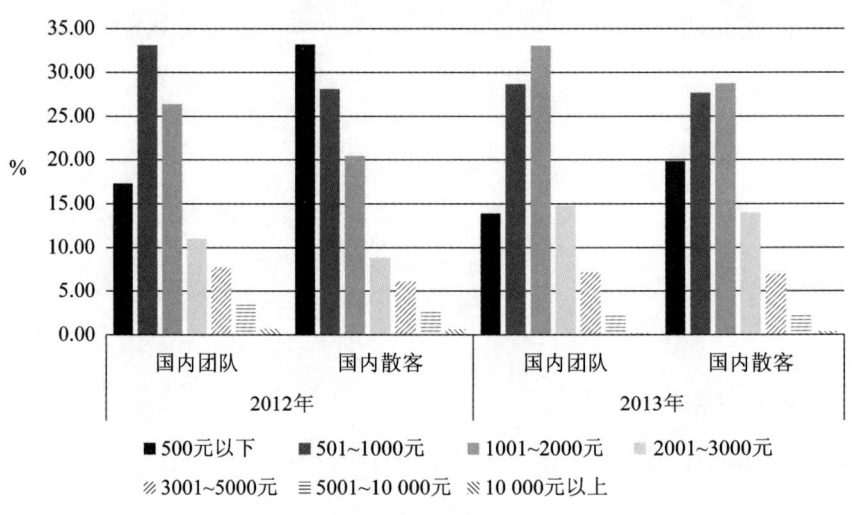

图 3-10　国内游客人均花费分布

从入境团队看,旅游人均花费在 1001～2000 美元、501～1000 美元和 2001～3000 美元的游客所占比例较大,分别占 32.05%、23.96% 和 20.79%,其次是

3001~5000 美元、5001~10 000 美元的游客，分别占 14.97% 和 4.23%，人均花费在 500 美元以下（2.72%）、10 000 美元以上（1.28%）的游客相对较少。与入境散客相比，入境团队在 501~1000 美元、1001~2000 美元、2001~3000 美元的中等水平人均花费的比例高于入境散客；而在 500 美元以下低水平人均花费和 3001~10 000 美元较高水平人均花费的比例均低于入境散客。与 2012 年相比，2013 年入境团队在 500~3000 美元的中低水平人均花费的比例相对较高；而在 3000 美元以上的较高水平人均花费的比例基本都有所下降（见表 3-12、图 3-11）。

表 3-12　2012、2013 年入境游客人均每次花费占比情况

比例% 花费金额（美元）	2012 年		2013 年	
	入境团队	入境散客	入境团队	入境散客
500 以下	2.21	5.95	2.72	4.10
501~1000	21.40	21.37	23.96	17.11
1001~2000	21.77	19.38	32.05	27.44
2001~3000	19.93	21.59	20.79	20.23
3001~5000	17.34	14.76	14.97	15.84
5001~10 000	11.44	12.11	4.23	11.88
10 000 以上	5.90	4.85	1.28	3.39

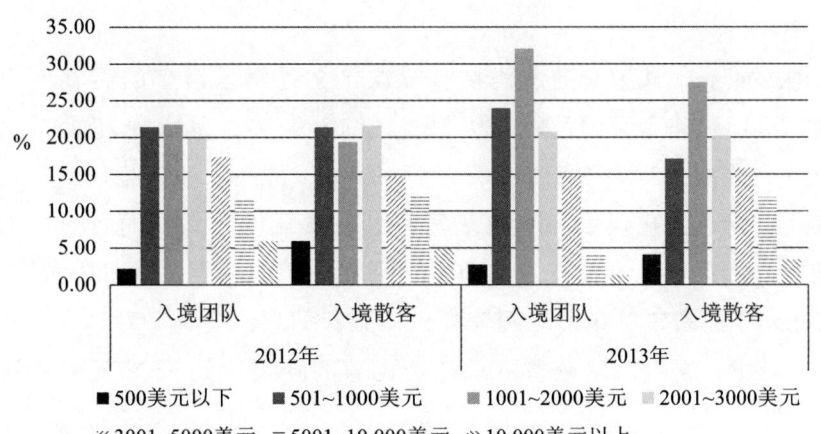

图 3-11　入境游客人均每次花费分布

与此同时，据全球最大的退税机构环球蓝联（Global Blue）数据显示，2013年中国游客海外消费占全球游客海外消费的27%，居全球首位。而位居第二的俄罗斯虽然海外消费次数最多，但是总消费金额占全球海外消费的比例仅为17%，居于第三位的印度其比例仅为4%。与国内游客消费相比，两者之间的差距就很明显了。虽然国内游客的总体消费水平有所提高，但是较高消费的占比都有所下降，游客受国内大环境的影响，并不是很愿意在国内旅游中花费太多，但是海外消费中却有着巨大的差别。环球蓝联的研究表明："中国游客无疑是全球海外游客中数量最大并且消费最高的群体。之后十年消费还会不断上涨，尽管会比近几年的增长速度慢一些。"

高消费的占比有所下降也迎合了我国近年来的政策。政府近年颁布的一系列政策都在反对过度消费，这一点不仅仅反映在各企业部门的改善作风上面，也逐渐地深入到民众中间，对于民众的个人消费也有一定的影响。

参团游客花费在餐饮、交通和购物方面的费用大，而散客的花费重心在于交通。

从国内团队看，2013年购物、餐饮、交通花费最多的游客所占比例较大，分别占25.56%、20.79%和19.12%，其次是景点门票、住宿、文化娱乐，分别占11.34%、10.40%和10.15%。与国内散客相比，国内团队游客的购物和文化娱乐花费占总花费比例略高于国内散客；而景点门票、交通、餐饮、住宿等方面均低于国内散客。与2012年相比，2013年国内团队游客的景点门票的占总花费的比重出现了一定幅度的下降，但是其他方面的花费占总花费的比重都要高于2012年。

从入境团队看，认为交通、购物、餐饮、文化娱乐最多的游客所占比例较大，分别占24.34%、23.13%、20.56%和15.95%，其次是住宿、景点门票和其他花费，分别占9.30%、3.70%、3.02%。与入境散客相比，入境团队游客的餐饮、购物、文化娱乐和其他花费占总花费比例较高；而景点门票、交通和住宿花费占总花费比例较低。与2012年相比，2013年入境团队游客的餐饮、购物、文化娱乐花费占总花费比例较高；而景点门票、交通和住宿花费占总花费比例较低，其中，景点门票花费占总花费比重的降幅达到62.8%（见表3－13、图3－12、图3－13）。

表3-13 2012、2013年国内游客和入境游客花费项目占比情况

比例% 花费项目	2012年		2013年		2012年		2013年	
	国内团队	国内散客	国内团队	国内散客	入境团队	入境散客	入境团队	入境散客
购物	25.14	12.94	25.56	20.93	21.40	15.20	23.13	20.93
餐饮	20.48	24.75	20.79	20.89	7.01	8.15	20.56	15.56
交通	17.75	21.06	19.12	21.22	28.41	35.24	24.34	30.98
景点门票	18.58	21.60	11.34	13.58	9.96	7.93	3.70	4.24
住宿	7.66	10.49	10.40	11.28	17.34	21.15	9.30	13.01
文化娱乐	8.67	8.50	10.15	9.45	9.59	8.81	15.95	12.73
其他	1.72	0.67	2.64	2.65	6.27	3.52	3.02	2.55

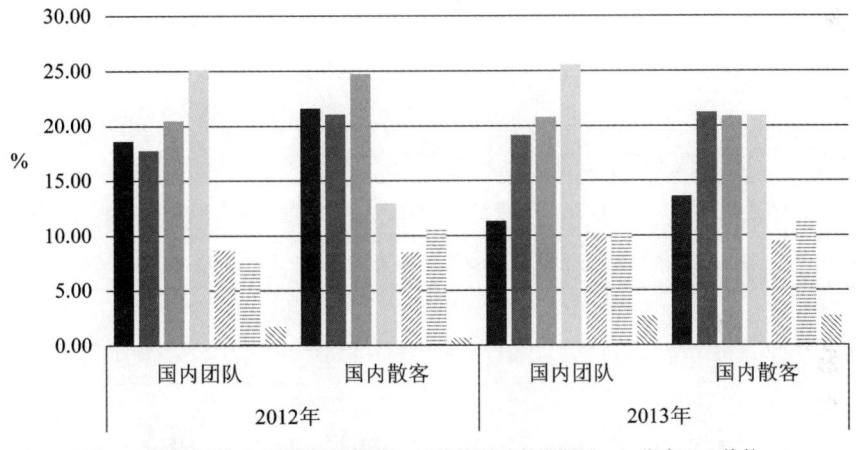

图3-12 国内游客花费项目分布

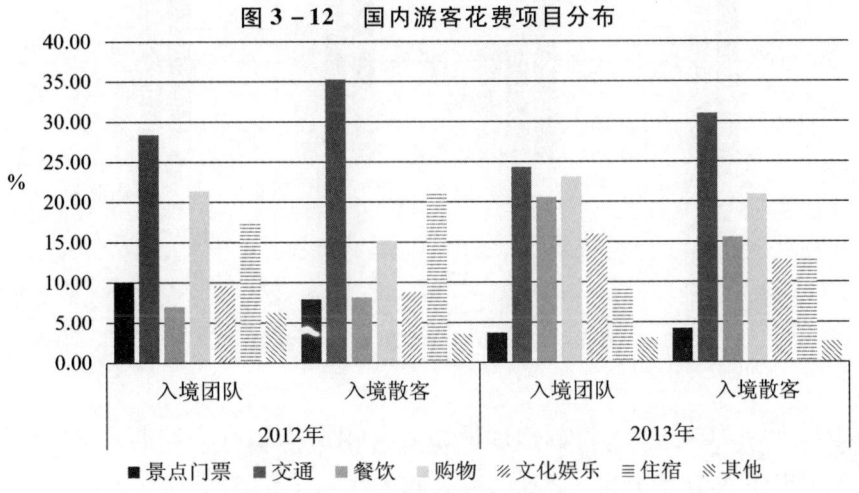

图3-13 入境游客花费项目分布

（三）出游频率和周期

国内团队游客的出游频率与国内散客的出游频率基本持平。根据统计数据，游客每年的出游次数绝大多数在3次及以下，出行次数在3次及以下的团队出行人数占总人数的比例接近90%，而散客的这一比例超过了90%。与国内散客相比，国内团队游客年出游次数在3次和4次的频率相对较高；而年出游次数在1次、2次和5次及以上的频率相对较低（见表3-14、图3-14）。

表3-14 2012、2013年国内游客出游频率占比情况

比例% 频率（次）	2012年		2013年	
	国内团队	国内散客	国内团队	国内散客
1	32.98	29.72	32.06	33.66
2	38.49	39.88	35.11	35.36
3	18.58	19.95	22.81	21.42
4	5.42	4.91	5.38	5.01
5	2.33	2.36	2.77	3.00
5以上	2.20	3.17	1.87	1.55

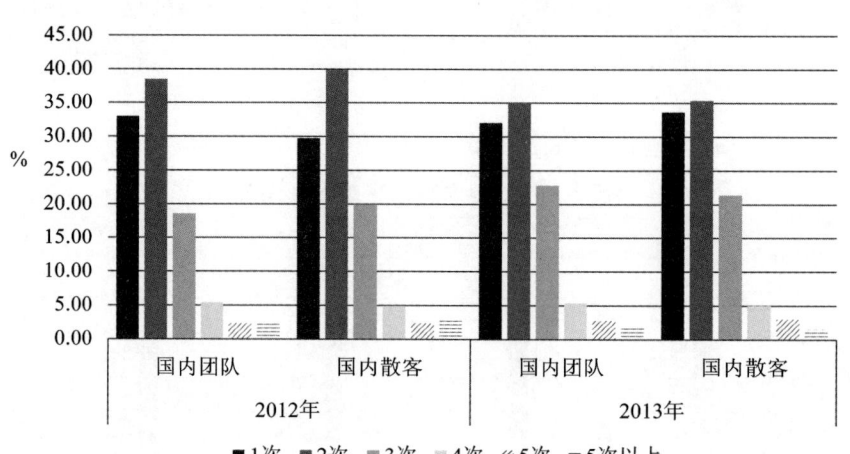

图3-14 国内游客出游频率分布

与2012年相比，2013年国内团队游客年出游次数在3次和5次的频率相对较高；而年出游次数在1次、2次、4次和5次以上的频率相对较低。

总体而言，出游次数在 3 次以内的游客占八成左右，这个主要还是与我国的公众假期政策有关，每年固定时间和时长的假期决定着民众的出游频率。

团队旅游时间以 2 天至一周内的中短期为主，总体比散客出游时间略长。

从国内团队看，旅游时间为 2~3 天、4~7 天的游客所占比例较大，分别占 44.55%、38.98%，其次是 8~14 天和当天往返的游客，分别占 8.53% 和 6.34%，旅游时间 15~30 天（1.21%）、30 天以上（0.39%）的游客相对较少。与国内散客相比，国内团队旅游时间长度为 2~14 天的游客所占比例较大；而旅游时间为当天往返和 15 天以上的游客所占比例较小。

从入境团队看，旅游时间为 4~7 天、2~3 天的游客所占比例较大，分别占 40.74%、37.72%，其次是 8~14 天的游客，占 16.86%，而当天往返（1.97%）、15~30 天（1.66%）、30 天以上（1.06%）的游客相对较少。与入境散客相比，入境团队旅游时间为 1~7 天的游客所占比例较大；而旅游时间在 7 天以上的游客所占比例较小。与 2012 年相比，旅游时间长度在为 1~7 天的游客所占比例较大；而旅游时间 7 天以上的游客所占比例较小（见表 3-15、图 3-15、图 3-16）。

表 3-15 2012、2013 年国内游客和入境游客停留时间占比情况

比例% 时间（天）	2012 年		2013 年		2012 年		2013 年	
	国内团队	国内散客	国内团队	国内散客	入境团队	入境散客	入境团队	入境散客
1	7.93	7.93	6.34	10.54	0.00	0.00	1.97	0.71
2~3	52.88	52.88	44.55	41.94	17.34	12.11	37.72	25.74
4~7	28.58	28.58	38.98	37.36	32.84	31.94	40.74	39.89
8~14	9.47	9.47	8.53	8.07	28.04	25.55	16.86	18.39
15~30	0.88	0.88	1.21	1.57	15.13	15.20	1.66	6.93
30 以上	0.26	0.26	0.39	0.53	6.64	15.20	1.06	8.35

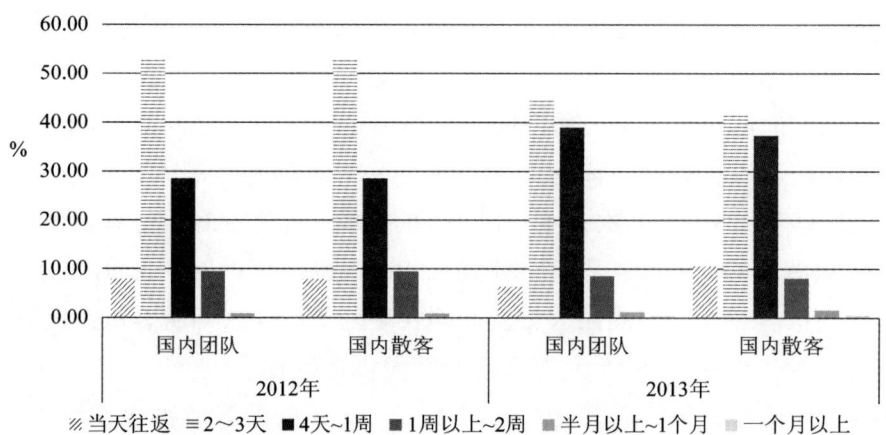

图3-15　国内游客出游停留时间分布

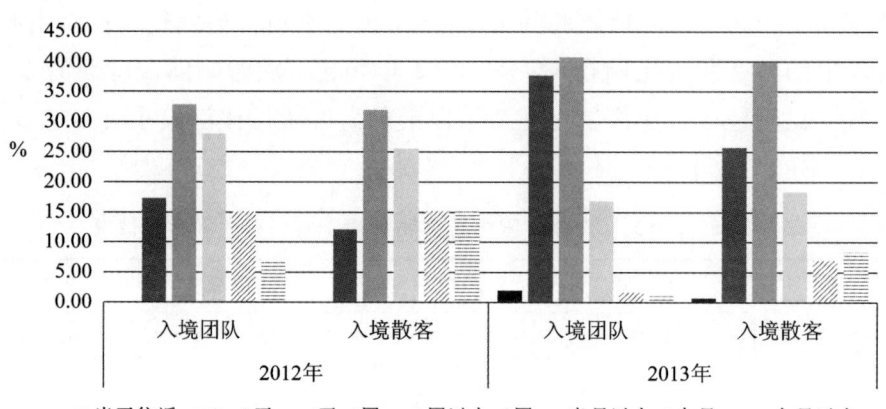

图3-16　入境游客停留时间分布

在中国，目前游客的出行时间大多基于自身的假期而定。自从"五一"黄金周被分割成小假期之后，黄金周就剩下"十一"了。假期缩短后，从数据基本上可以看得出，2012年绝大多数游客的出行时间在3天之内，2013年，这个时间延长至一周。

与此同时，随着"五一"黄金周假期的被分割，一些单位的员工或职工逐渐开始实行"带薪年假"制度。更多的人选择在工作不太繁忙的时候休年假，这样不仅可以想办法避开旅游高峰期的人流，也可以根据自身的情况来选择出游的目的地，更加合理地安排自己的出行计划。部分游客选择在较短的2～3天的小假期之后加上年假的休假时间,这样一来,出游的时间不但没有减少,反而有所增加。

(四) 出游游览行为

团队游客多数倾向于选择1~5个景点、景区,国内团队游客游览景点数量相对多于散客,但入境团队游客选择的景点个数略少于散客。

从国内团队看,近五成游客参观3~5个景点,占比48.56%,超过三分之一的国内游客游览1~2个景点,选择游览6个以上景点的游客占比也达到16.49%,未游览景点的游客近乎为零,占比0.09%。国内散客在游览3个以上景点数目上所占的比例低于国内团队。与2012年相比,2013年游览景点为0~5个的游客所占比例有所增加,游览景点个数在5个以上的游客占比有所下降。

从入境团队看,游览1~5个景点的游客占大多数,占总数的比例达到78.84%。其次是6~9个和10个及以上景点的游客,分别占13.91%、7.11%,而参观过0个(0.15%)景点的游客相对较少。与2012年相比,2013年入境团队游览1~5个景点的游客比例较高,而游览6~9个景点的游客比例较低(见表3-16、图3-17、图3-18)。

表3-16 2012、2013年国内游客和入境游客游览景区数量占比情况

比例% 景点数量(个)	2012年 国内团队	2012年 国内散客	2013年 国内团队	2013年 国内散客	2012年 入境团队	2012年 入境散客	2013年 入境团队	2013年 入境散客
0	0.04	0.19	0.09	0.17	1.11	2.64	0.15	0.57
1~2	33.03	43.98	34.86	37.97	18.08	24.01	35.98	29.14
3~5	48.48	43.89	48.56	47.29	28.78	27.09	42.86	43.42
6~9	14.31	9.54	12.63	10.91	21.03	19.82	13.91	17.11
10及以上	4.14	2.41	3.86	3.67	31.00	26.43	7.11	9.76

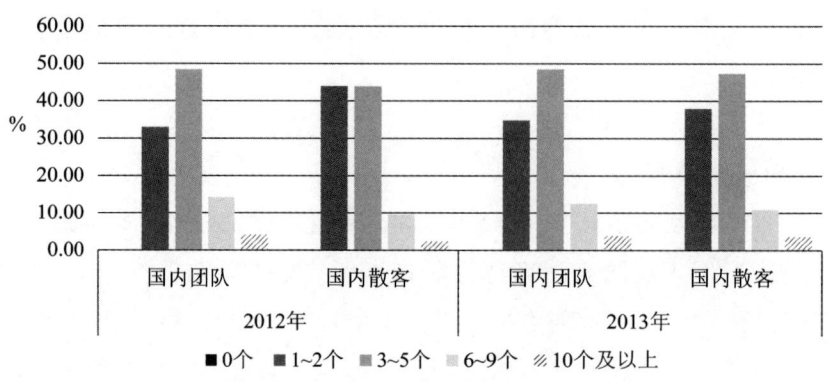

图3-17　国内游客景区数量选择分布

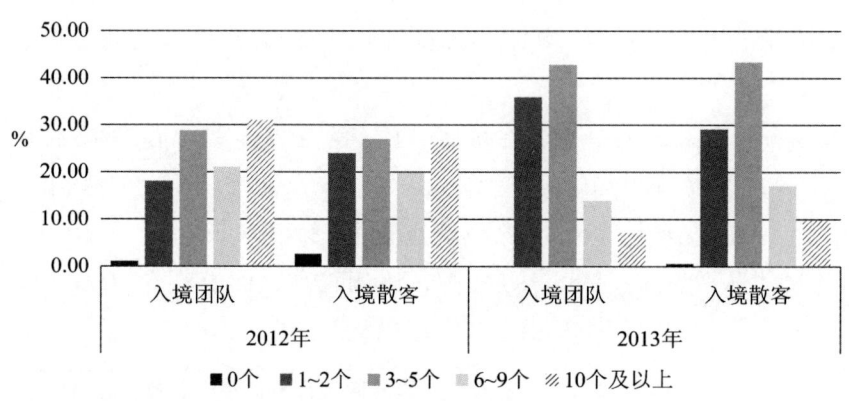

图3-18　入境游客景区数量选择分布

(五) 出游住宿、交通选择行为

国内团队出游主要选择经济型酒店、中等价位酒店,国内团队游客住宿酒店的星级相对散客较高。

国内团队住宿酒店的类型为经济型酒店、中等价位酒店 (二星、三星酒店及同级酒店) 的游客所占比例较大,分别占47.49%、28.77%,其次是选择住在社会旅馆中,占比为12.69%,住宿酒店类型为豪华酒店 (四星级及以上酒店) (3.97%) 和其他 (7.09%) 等其他类型的游客相对较少。而国内散客选择住在亲友家中 (8.95%) 的游客占比也不低,并且较2012年增长1.68%。

入境团队出游主要选择经济型酒店、中等价位酒店和豪华酒店 (四星级及以上酒店),入境团队游客住宿酒店的星级相对散客较高。

从入境团队看,住宿酒店的类型为经济型酒店、中等价位酒店(二星、三星酒店及同级酒店)、豪华酒店(四星级及以上酒店)的游客所占比例较大,分别占 35.15%、26.15%、25.17%,其次是社会旅馆,占比为 10.58%,选择其他类型的游客相对较少(见表 3-17、图 3-19、图 3-20)。

表 3-17 2012、2013 年国内游客和入境游客住宿选择占比情况

| 比例% | 2012 年 | | 2013 年 | | 2012 年 | | 2013 年 | |
酒店类型	国内团队	国内散客	国内团队	国内散客	入境团队	入境散客	入境团队	入境散客
豪华酒店(四星级及以上酒店)	4.89	3.63	3.97	3.81	49.08	35.02	25.17	23.20
中等价位酒店(二、三星酒店及同级酒店)	28.45	22.29	28.77	26.36	33.21	30.62	26.15	24.33
经济型酒店	47.56	42.06	47.49	39.82	10.33	21.37	35.15	35.79
社会旅馆	13.17	18.03	12.69	17.17	5.17	3.74	10.58	8.20
住亲友家中	5.94	7.27	—	8.95	—	—	—	—
其他	4.89	6.71	7.09	3.89	2.21	9.25	2.95	8.49

注:调查数据时有些选项为多选。

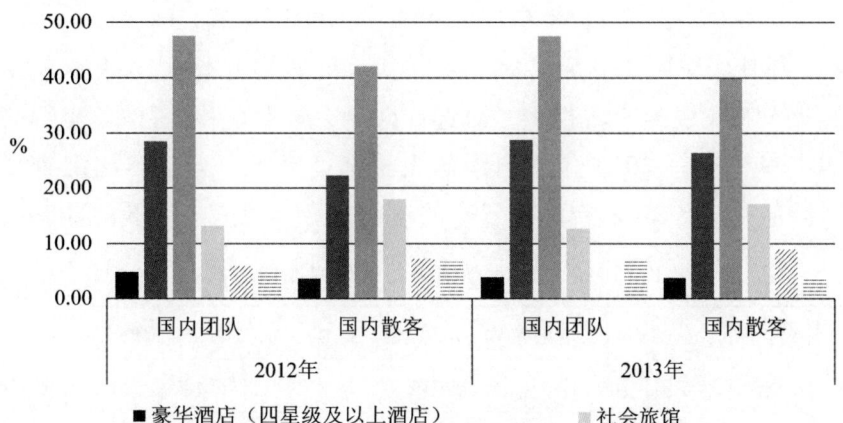

图 3-19 国内游客住宿选择分布

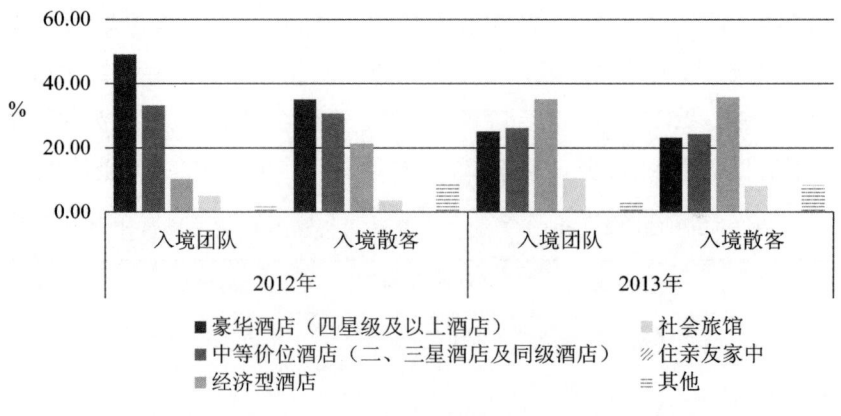

图 3-20 入境游客住宿选择分布

近年来,随着经济型酒店的不断快速发展,这种实惠便捷的酒店不仅受到广大国内游客的青睐,而且也得到来中国旅游的外国游客的喜欢。从数据看来,经济型酒店不仅是国内游客的主要选择,也逐渐让入境的外国人接受和认可,从而使其减少了对星级酒店的消费,转而选择经济型酒店。从这个数据看来,近年中国经济型酒店业的发展还将持续出现新的高潮。

国内游客出行九成以上的游客选择火车和汽车出行。

进一步分析团队游客出游选择的交通工具,选择汽车出行的游客超过六成,占调查样本的61.08%,选择火车、飞机的旅游者也相对较多,分别占30.07%、5.76%,选择自驾车(1.90%)、自行车/步行(0.34%)、游船(0.26%)等其他交通工具的游客相对较少。与散客相比,团队游客在选择乘坐汽车、火车和飞机的人数较多,而选择游船、自驾车和自行车/步行的游客较少。与2012年相比,2013年国内团队出游选择汽车、火车的比例较高,而选择飞机、游船、自行车/步行和自驾车的比例较低(见表3-18、图3-21)。

表 3-18 2012、2013 年国内游客选择交通工具占比情况

比例% 交通工具	2012 年		2013 年	
	国内团队	国内散客	国内团队	国内散客
火车	28.05	28.87	30.07	28.42
飞机	7.00	5.65	5.76	5.24
汽车	59.40	50.28	61.08	54.92

续表

比例% 交通工具	2012 年		2013 年	
	国内团队	国内散客	国内团队	国内散客
游船	0.88	1.09	0.26	0.51
自驾车	3.13	9.56	1.90	8.00
自行车/步行	1.14	2.62	0.34	1.69
其他	0.40	1.94	0.60	1.23

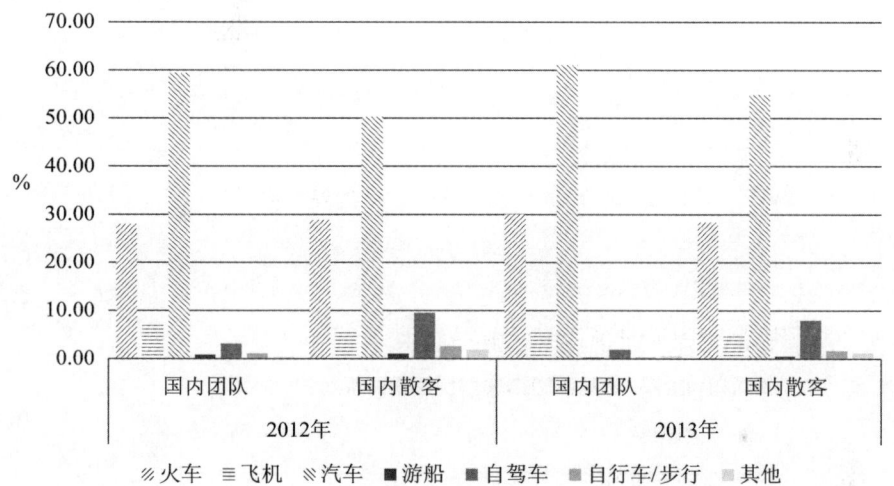

图 3-21　国内游客交通工具选择分布

总体看来，2013 年，选择飞机、游船和自驾车出行的游客比例较 2012 年有所下降。飞机虽然比较方便快捷，但是所抵达的目的地毕竟有限，并且机场一般都距离旅游目的地比较远，所以自然有着其自身的不足。近年来随着中国铁路事业的不断发展和兴盛，动车、高铁开通运行，越来越多的人开始选择铁路交通出行，同样能享受方便快捷的服务，时间安排上也很宽裕，同时铁路受天气影响小，因而更加受到民众的青睐。根据近几年来的乘飞机出行数据的趋势，和 2013 年频发的飞机坠毁事故产生的社会影响，以及中国高铁事业近年的发展来看，选择飞机出行的游客占比可能还会持续出现下滑，但是下滑的幅度可能也会逐渐减小。

第四章
旅行社产业发展现状分析

一、2013年度全国旅行社产业发展规模

截至2013年年底,全国旅行社总数为26 054家,同比增长4.45%。从地区分布看,企业数量排名前十位的省(直辖市、自治区)依次是江苏、山东、浙江、广东、河北、辽宁、北京、上海、河南、湖北,数量最多的江苏为2073家,上述省(直辖市、自治区)的旅行社数量都超过1000,而旅行社总量占全国旅行社总量的56.15%;有十个省(直辖市、自治区)的旅行社数量少于500,数量最少的新疆建设兵团为92家。

从各省(直辖市、自治区)的增长情况看,河南旅行社的数量虽达到1133家,但同比减少了0.70%,山西、贵州、宁夏、新疆生产建设兵团4个省(直辖市、自治区)旅行社数量也有减少,减幅最大的宁夏达到5.94%;其余27个省(直辖市、自治区)旅行社数量的增长幅度不同,增长幅度最大的依然是重庆,达到15.86%,北京、内蒙古、天津、海南的增幅也相继超过10%。

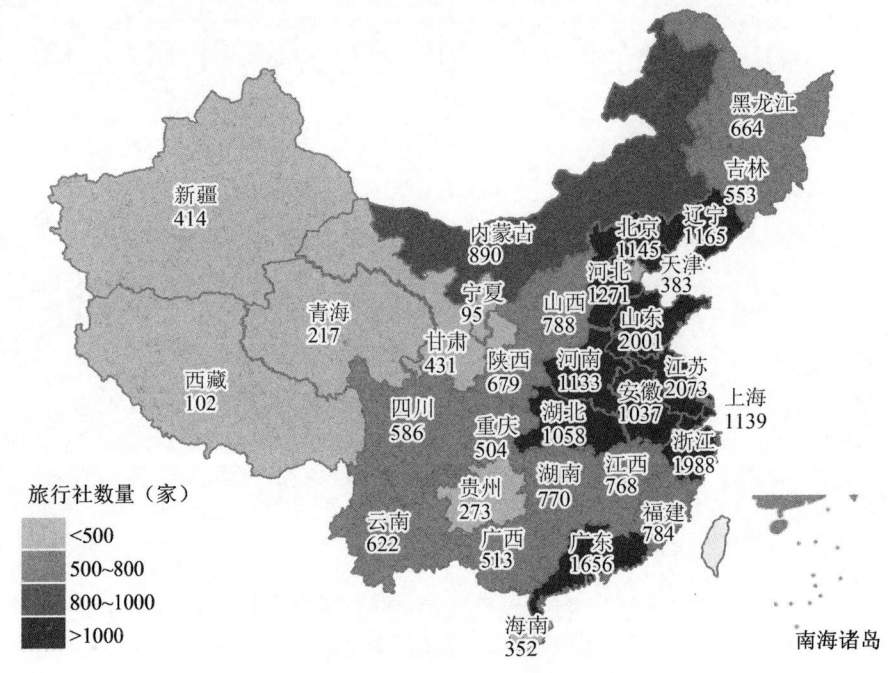

图4-1 2013年全国旅行社区域分布图

地图来源:国家测绘地理信息局网站,审图号:GS(2007)1910号

随着社会经济的不断发展，人们对旅游消费的需求也有所增加，这使得旅行社产业稳步发展。较 2012 年，2013 年全国旅行社总量有所增长，但增长率有所下滑。但随着《旅游法》的具体实施、《旅行社等级划分和评价标准》的研究制定，旅行社产业发展得到更强的法律支撑，旅行社将更加标准化。

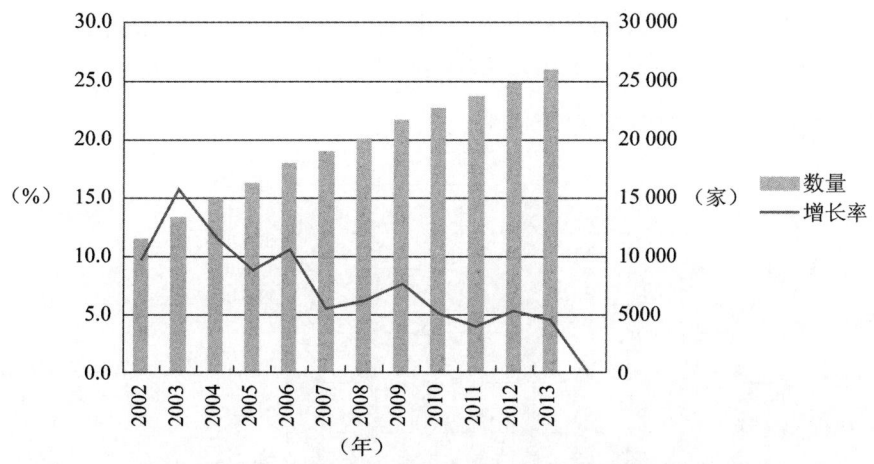

图 4 – 2　2002—2013 年全国旅行社数量

2013 年度全国旅行社资产合计达到 1039.77 亿元，同比增长 23.85%。其中，负债 697.16 亿元，同比增长 28.01%；所有者权益 342.61 亿元，同比增长 16.16%。

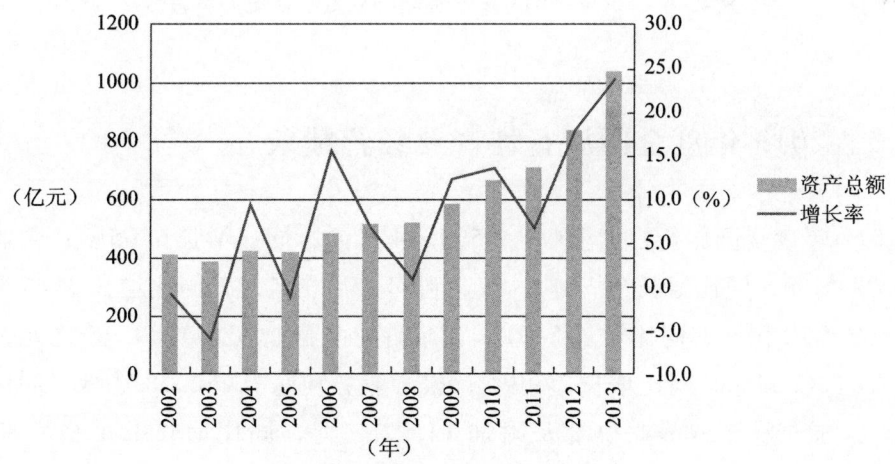

图 4 – 3　2002—2013 年全国旅行社资产总额

2013年度全国旅行社直接从业人员为339 993人，同比增长6.84%。其中，大专以上学历238 311人，同比增长9.32%。自2010年开始，大专以上学历的从业人员人数就在持续上涨，2011年和2012年的增长率分别是17.23%、11.21%，而2013年的增长率未达到10%，由此可见，有越来越多高学历和接受过专业培训的人才进入到旅行社行业中来。今后，应更加加强对高学历人才的招聘，完善旅行社行业的人力资源体系，因为只有更多的优秀人才进入旅行社，才能为游客提供优质的旅行服务。

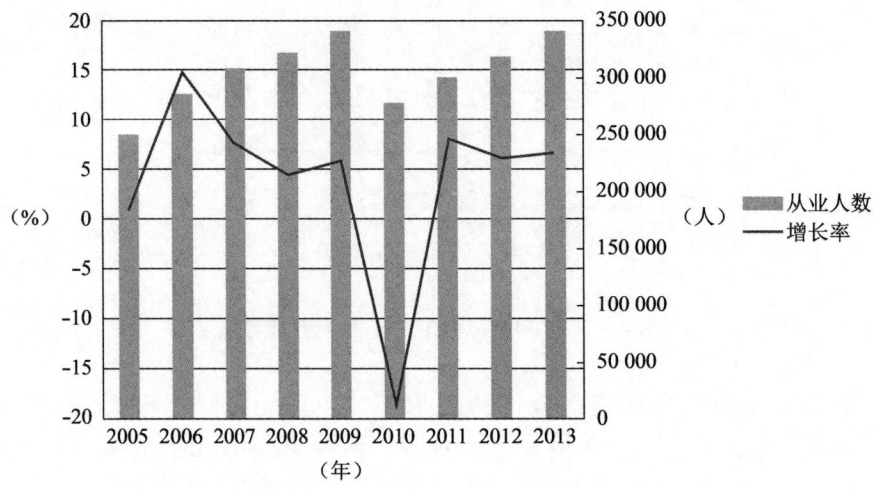

图4-4　2005—2013年全国旅行社直接从业人员总数

二、2013年度全国旅行社产业经营绩效

2013年度全国旅行社营业收入3599.14亿元，同比增长6.65%；营业成本3434.29亿元，同比增长9.32%；营业利润25.43亿元，同比增长3.47%；利润总额32.72亿元，同比增长5.01%；旅游业务营业收入3189.45亿元，占营业收入的88.62%，同比增长2.99%；旅游业务利润为162.28亿元，同比增长9.44%；旅行社缴纳营业税金及附加14.92亿元，同比增长1.42%；所得税7.45亿元，同比增长3.93%；合计实缴纳税金为22.37亿元，同比增长2.29%。

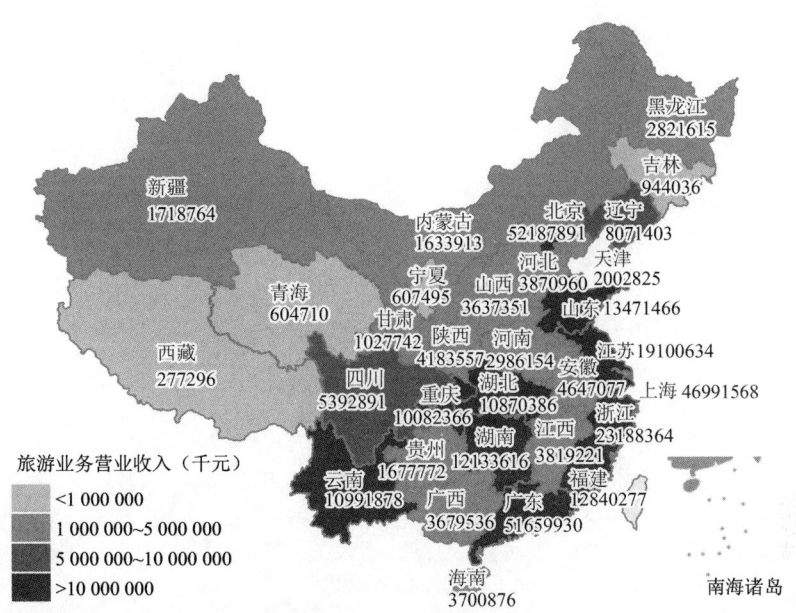

图 4-5　2013 年全国旅行社旅游业务营业收入区域分布

地图来源：国家测绘地理信息局网站，审图号：GS（2007）1910 号

2013 年对于旅行社行业的发展是一个重大转折点。《旅游法》的出台、旅游质监执法力量的加强，使得旅行社行业的服务质量整体有所提高，"承包挂靠""零负团费""人头费"等市场顽疾也有所改变，但是直接影响到了旅游业务的营业收入，较 2012 年，旅行社旅游业务收入增长不多，增长率更是急剧下降。

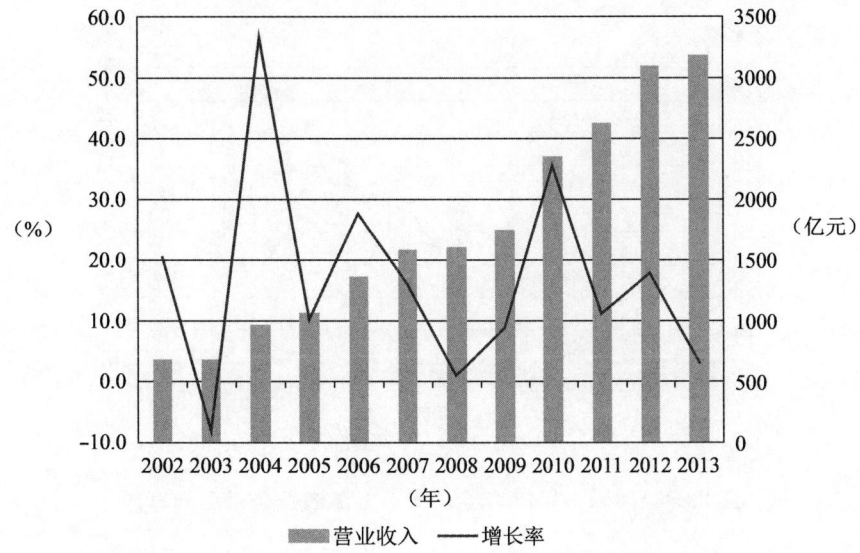

图 4-6　2002—2013 年全国旅行社旅游业务营业收入总额

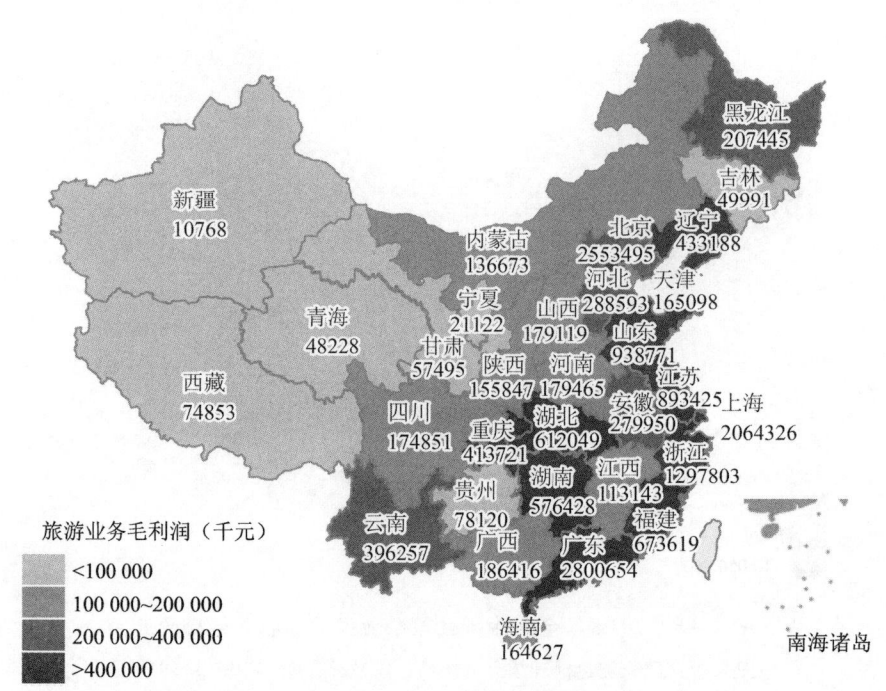

图4-7 2013年全国旅行社旅游业务利润区域分布

地图来源：国家测绘地理信息局网站，审图号：GS（2007）1910号

2013年，全国旅行社旅游业务毛利润总额增长较慢，增长率低于10%，平稳增长趋势止于2012年。

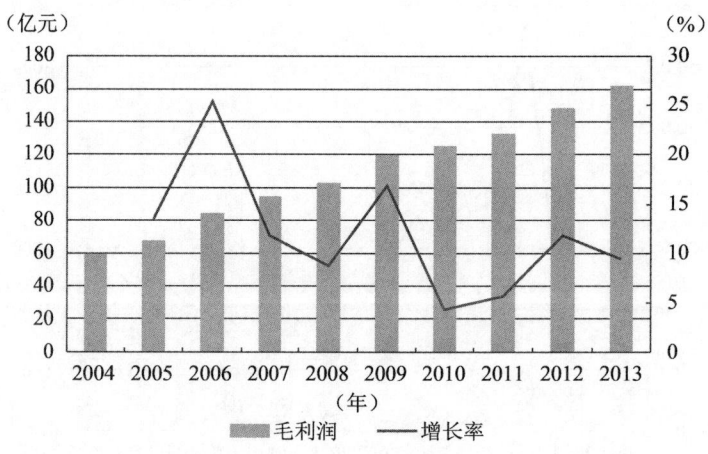

图4-8 2004—2013年全国旅行社旅游业务毛利润总额

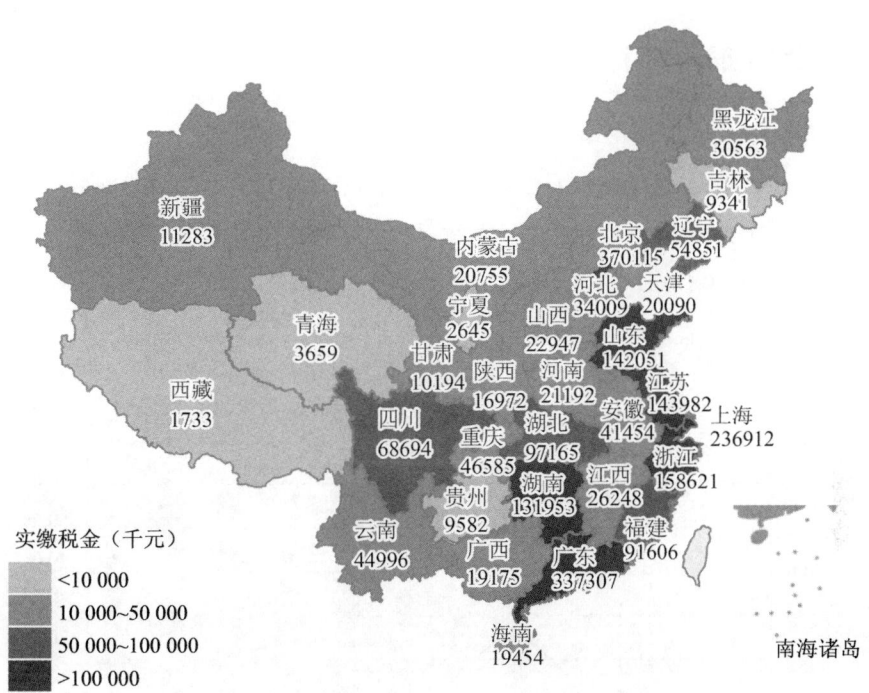

图 4-9　2013 年全国旅行社实缴税金区域分布

地图来源：国家测绘地理信息局网站，审图号：GS（2007）1910 号

2013 年，旅行社实缴税金的增长率略有下降，总体态势与全国旅行社营业收入波动情况相似，可见旅行社上缴税金的多少与营业收入的多少相关联。

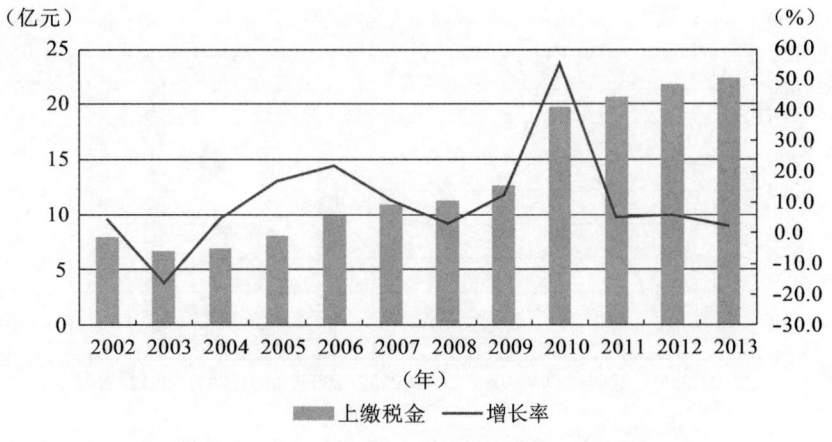

图 4-10　2002—2013 年全国旅行社实缴税金总额

三、全国旅行社产业分项业务

（一）国内旅游业务

2013 年度全国旅行社组织国内旅游 12 855.72 万人次、40 842.95 万人天，分别同比减少 10.53%、5.94%；接待 14 519.50 万人次、33 829.29 万人天，分别同比减少 10.94%、11.92%。

2013 年，国内旅游的组织接待情况有所下滑，说明旅游者单次出行的人数、天数都有所减少。

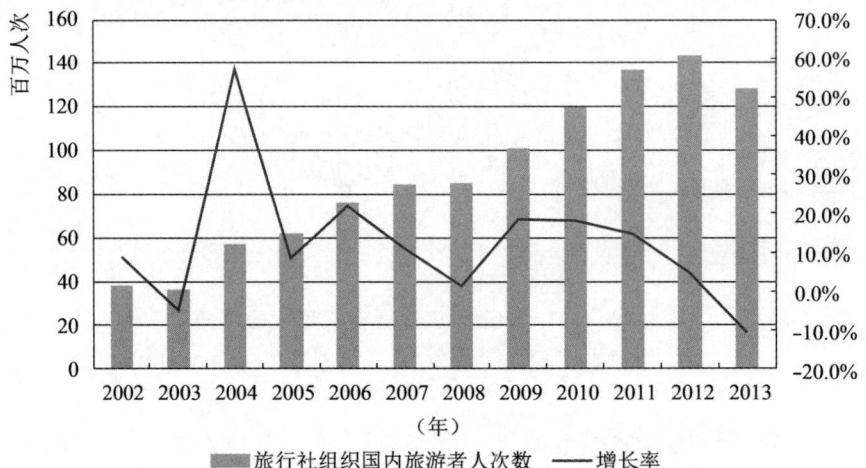

图 4-11 2002—2013 年全国旅行社组织国内旅游人次数及增长率

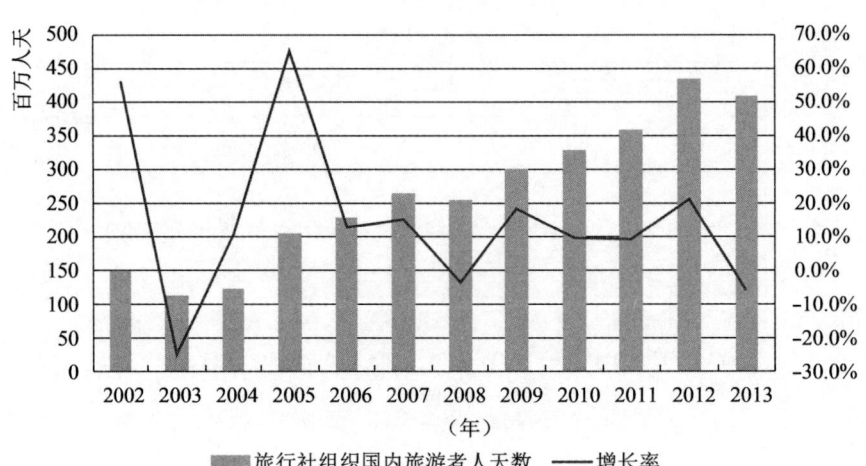

图 4-12 2002—2013 年全国旅行社组织国内旅游人天数及增长率

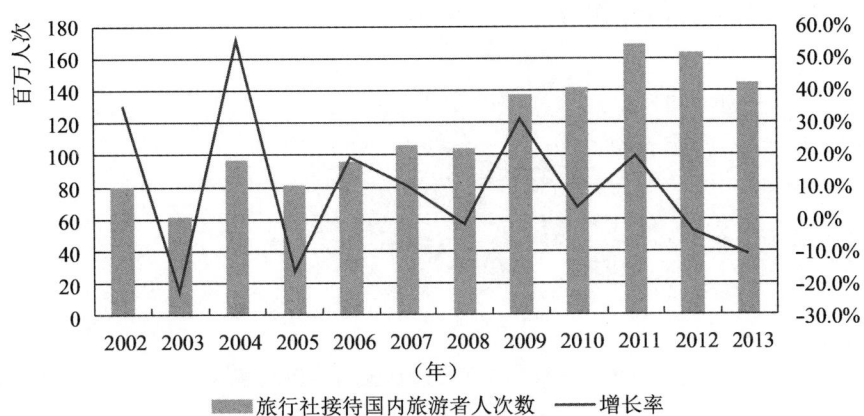

图4-13 2002—2013年全国旅行社接待国内旅游人次数及增长率

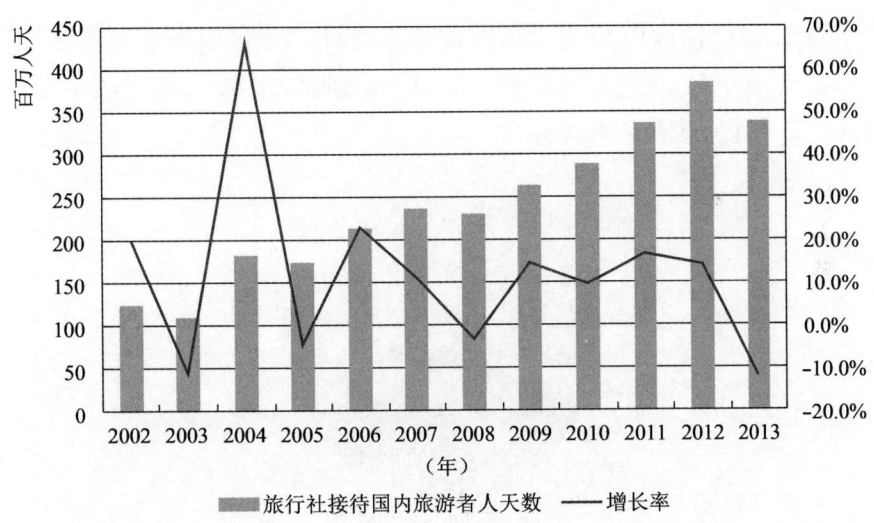

图4-14 2002—2013年全国旅行社接待国内旅游人天数及增长率

2013年度旅行社国内旅游组织人次排名前十位的省（直辖市、自治区）依次是广东、浙江、江苏、上海、山东、重庆、福建、湖北、湖南、北京。

2013年，四川跌出前十，北京再次进入前十位置，广东依然稳居首位，并且有增长趋势。

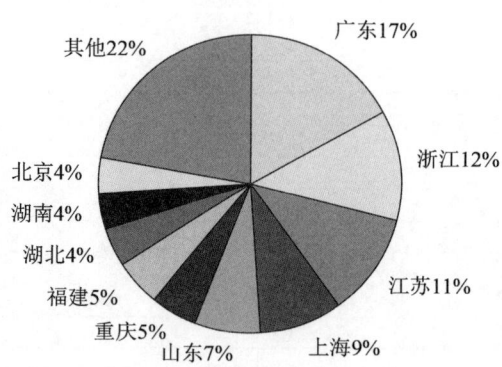

图 4-15　2013 年度旅行社国内旅游组织人次
排名前十位的地区情况

2013 年度旅行社国内旅游接待人次排名前十位的省（直辖市、自治区）依次是江苏、广东、浙江、云南、福建、湖北、山东、上海、重庆、湖南。

2013 年，旅行社国内接待人次排名前十位的省（直辖市、自治区）发生改变，四川退出前十位，上海下滑两个位次，湖北后来居上，赶超山东、上海，排名第六，江苏以 15% 稳居榜首。

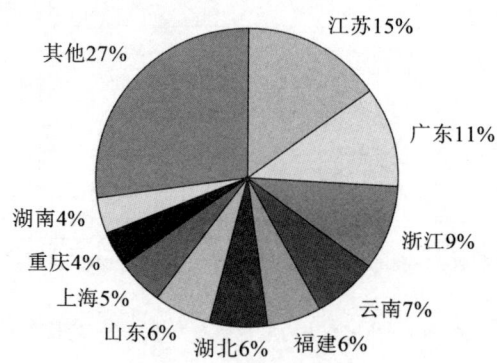

图 4-16　2013 年度旅行社国内旅游接待人次
排名前十位的地区情况

（二）出境旅游业务

2013 年度全国旅行社出境旅游组织 3355.71 万人次、16 763.62 万人天，分别同比增长 18.55%、28.74%。出境旅游市场依然保持增长趋势，增长率有所下降。

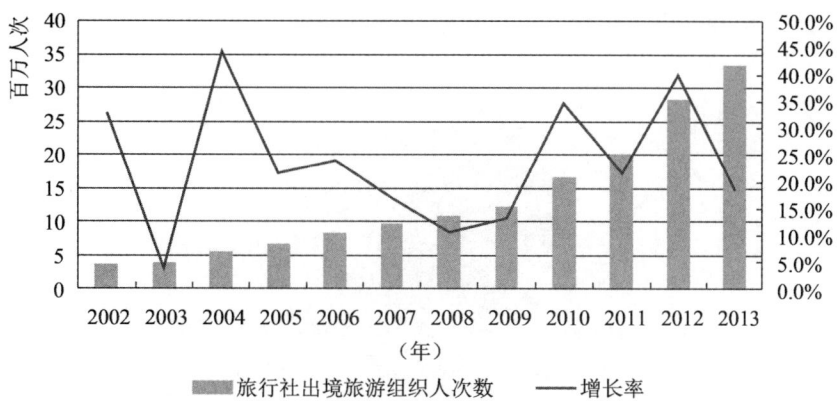

图 4-17　2013 年度旅行社出境旅游组织人次数及增长率

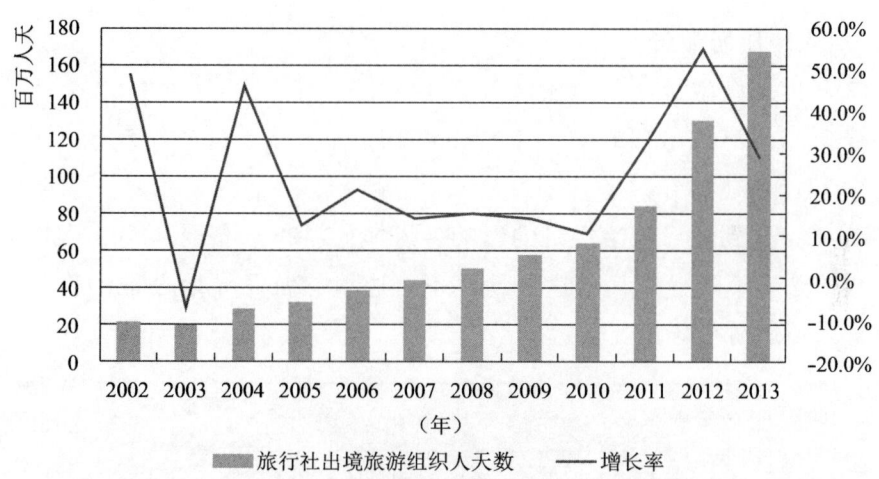

图 4-18　2013 年度旅行社出境旅游组织人天数及增长率

2013 年度旅行社出境旅游组织人次数排名前十位的目的地国家和地区依次为中国香港、泰国、韩国、中国澳门、中国台湾、新加坡、马来西亚、日本、越南、法国。

2013 年，旅行社出境旅游组织人次排名前十的目的地国家和地区名单发生了改变，位置也有所调整，中国香港虽居榜首，但份额下降了 2 个百分点，泰国、韩国越居二、三位，其中泰国增长份额最多，增长 6 个百分点，可见中国公民对泰国旅游十分感兴趣,旅游意愿大大增强。而赴日游在日本"购岛"事件的影响下,市场份额继续下降,名次又再次退后一位。

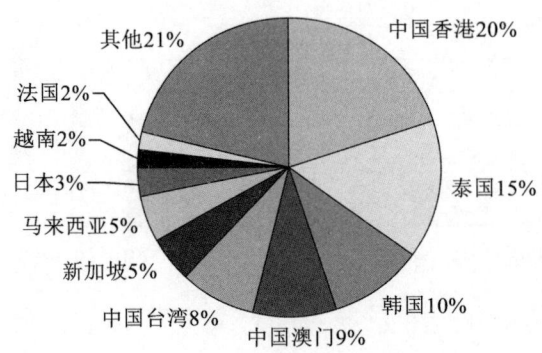

图4-19　2013年度旅行社出境旅游组织人次
排名前十位的目的地国家和地区情况

(三) 入境旅游业务

2013年度全国旅行社入境旅游外联1447.52万人次、6063.22万人天,分别同比减少11.93%、11.91%;接待2047.15万人次、6667.75万人天,分别同比减少13.50%、14.21%。

2013年,受到世界政治经济的影响,入境旅游市场备受压力,入境旅游天数及人数依然呈下降趋势,在这种情况下,边境旅游及异地办证的恢复,将在未来改善入境旅游市场情况。

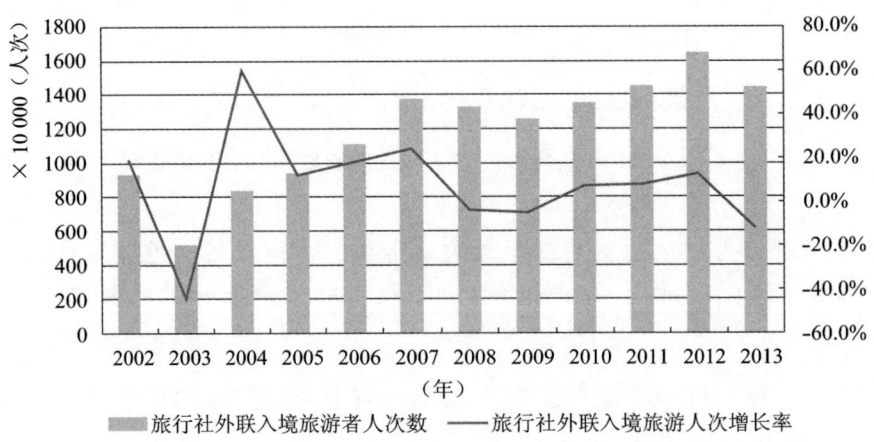

图4-20　2002—2013年度全国旅行社外联入境旅游人次数及增长率

第四章　旅行社产业发展现状分析
Chapter 4　An Overview of China Travel Agency

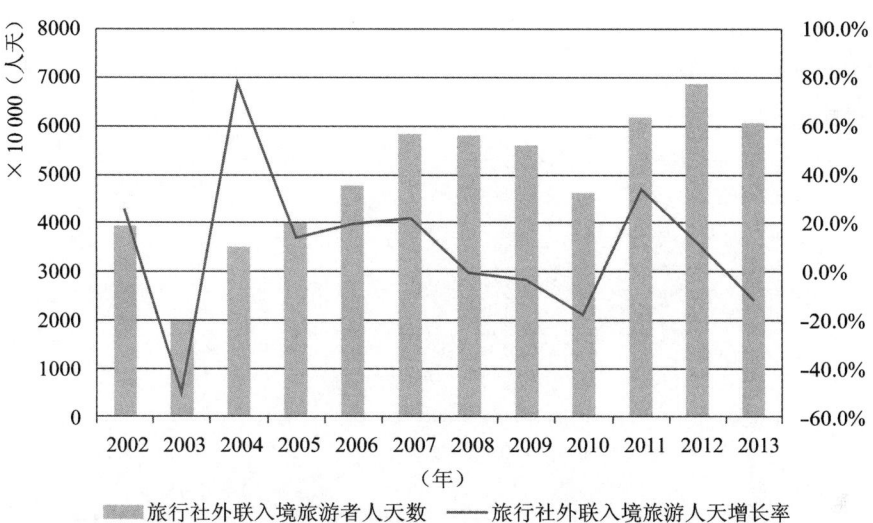

图 4-21　2002—2013 年度全国旅行社外联入境旅游人天数及增长率

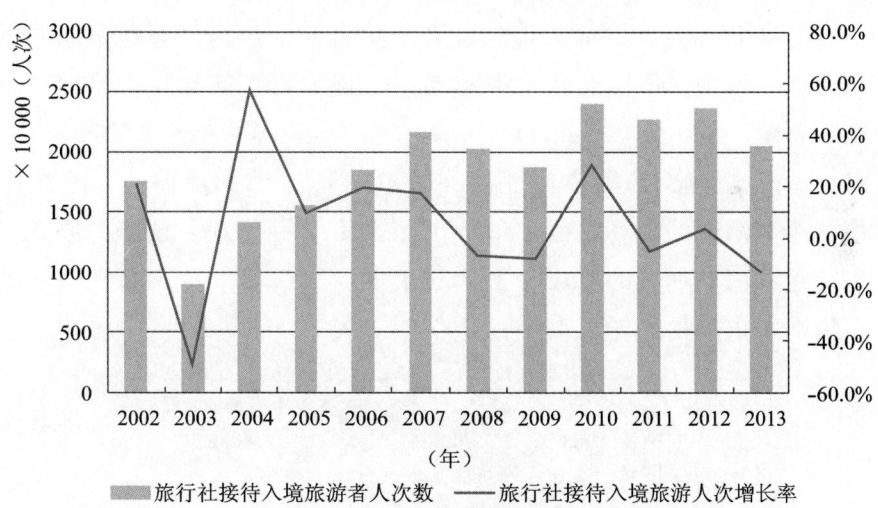

图 4-22　2002—2013 年度全国旅行社接待入境旅游人次数及增长率

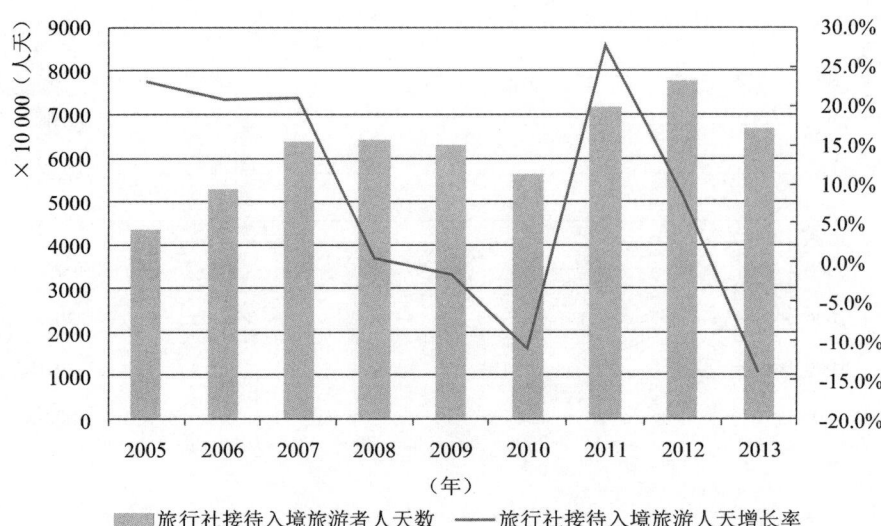

图 4－23　2002—2013 年度全国旅行社接待入境旅游人天数及增长率

2013年，全国旅行社外联入境旅游人次排名前十位的客源地国家和地区依次是中国香港、韩国、中国台湾、中国澳门、俄罗斯、新加坡、美国、马来西亚、泰国、日本。

2013年，港澳台、韩国依然占据在外联入境旅游的前四位，除去中国台湾，其他三个客源地的市场份额都增加了至少1个百分点。日本由原先的第五位退居到榜尾，而新加坡的市场份额超过美国，居于第六位，马来西亚的地位上升两个位次，市场份额增长1个百分点。

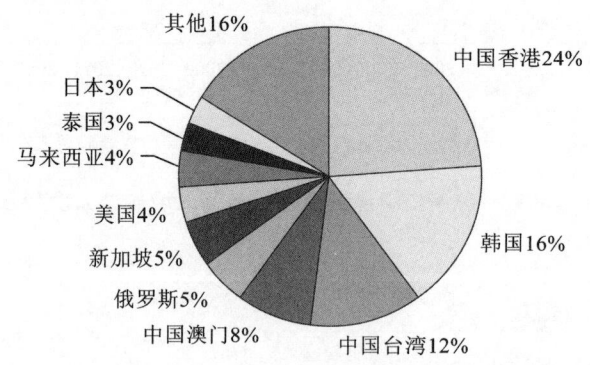

图 4－24　2013 年度旅行社外联入境旅游人次排名前十位的客源地国家和地区

2013 年度旅行社接待入境旅游人次排名前十位的客源地和地区依次是中国香港、中国台湾、韩国、中国澳门、美国、俄罗斯、泰国、马来西亚、新加坡、日本。

2013 年，中国香港、中国台湾、韩国、中国澳门的排名格局没有变化，美国排名第五，上升一个位次，日本退居榜尾，市场份额下降 2 个百分点，泰国增加 1 个百分点，居于第七位。

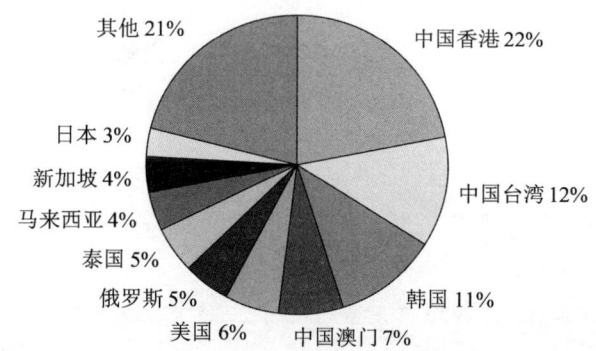

图 4-25 2013 年度旅行社接待入境旅游人次排名前十位的客源地国家和地区

（四）三大市场情况比较

1. 2013 年度三大市场人次数比较

将国内旅游组织人次、出境旅游组织人次、入境旅游外联人次三项指标数据进行比较，2013 年度全国旅行社国内旅游、出境旅游、入境旅游所占份额分别是 73%、19%、8%，分别同比减少 3 个百分点、增加 4 个百分点、减少 1 个百分点。

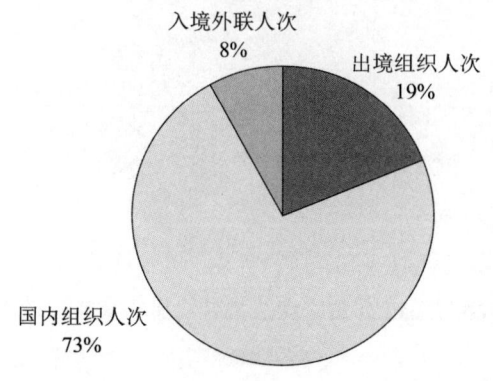

图 4-26 2013 年度全国旅行社三大市场人次数比较

2. 2013 年度三大市场人天数比较

以国内组织人天、出境组织人天、入境外联人天三项指标数据进行比较，2013 年度全国旅行社国内旅游、出境旅游、入境旅游所占份额分别是 64%、26%、10%，分别同比减少 5 个百分点、增加 6 个百分点、减少 1 个百分点。

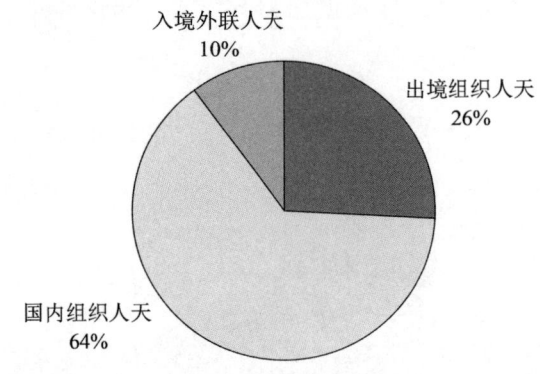

图 4-27 2013 年度全国旅行社三大市场人天数比较

3. 2013 年度三大市场营业收入比较

2013 年度全国旅行社国内旅游业务营业收入 1762.11 亿元，同比减少 6.19%，占旅游业务营业收入总量的 55.25%；出境旅游业务营业收入 1157.19 亿元，同比增长 23.62%，占旅游业务营业收入总量的 36.28%；入境旅游业务营业收入为 270.15 亿元，同比减少 4.32%，占旅游业务营业收入总量的 8.47%。

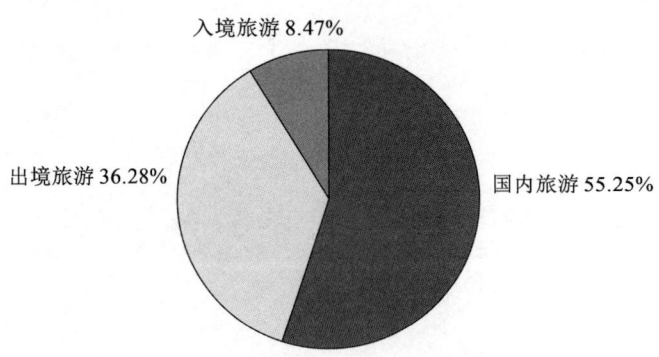

图 4-28 2013 年度全国旅行社三大市场营业收入情况

2013年度全国旅行社国内旅游业务利润为88.02亿元,同比增长1.15%,占旅游业务利润总量的54.24%;出境旅游业务利润为59.46亿元,同比增长33.11%,占旅游业务利润总量的36.64%;入境旅游业务利润为14.80亿元,同比减少10.80%,占旅游业务利润总量的9.12%。

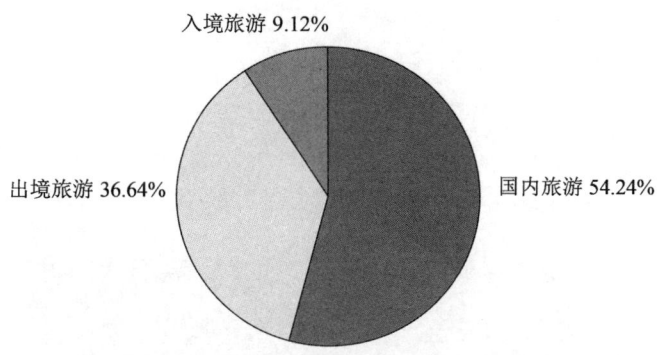

图4-29 2013年度全国旅行社三大市场利润情况

通过以上数据不难看出,国内旅游市场虽占主导地位,但出境旅游市场增长迅速,不论是出游人次数,还是出游人天数,都有所增长,游客出境旅游意愿大大加强。

四、全国旅行社总体结构

(一)旅行社的区域分布

2013年度全国27个省(直辖市、自治区)旅行社数量都有不同程度的增长,增幅最大的重庆为15.86%,内蒙古、海南、北京和天津4个省(直辖市、自治区)增长超过10%;有5个省(直辖市、自治区)旅行社数量减少,分别为宁夏、新疆生产建设兵团、贵州、山西和河南,减幅最大的宁夏为5.94%。旅行社数量超过1000家的有11个省(直辖市、自治区),其中数量最多的江苏为2073家;旅行社数量少于500家的有9个省(直辖市、自治区),其中新疆生产建设兵团少于100家。

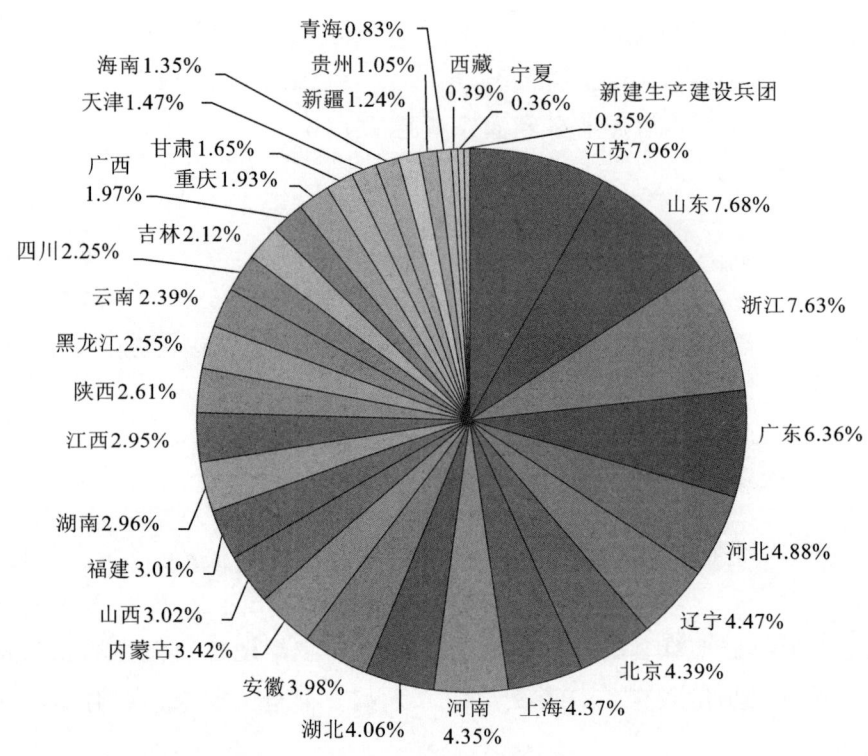

图 4-30　2013 年度全国旅行社数量分布情况

2013 年度旅行社数量排在前十位的地区依次是江苏（2073）、山东（2001）、浙江（1988）、广东（1656）、河北（1271）、辽宁（1165）、北京（1145）、上海（1139）、河南（1133）、湖北（1058），上述地区的旅行社总量占全国旅行社总量的 56.15%。较 2012 年略有下降。

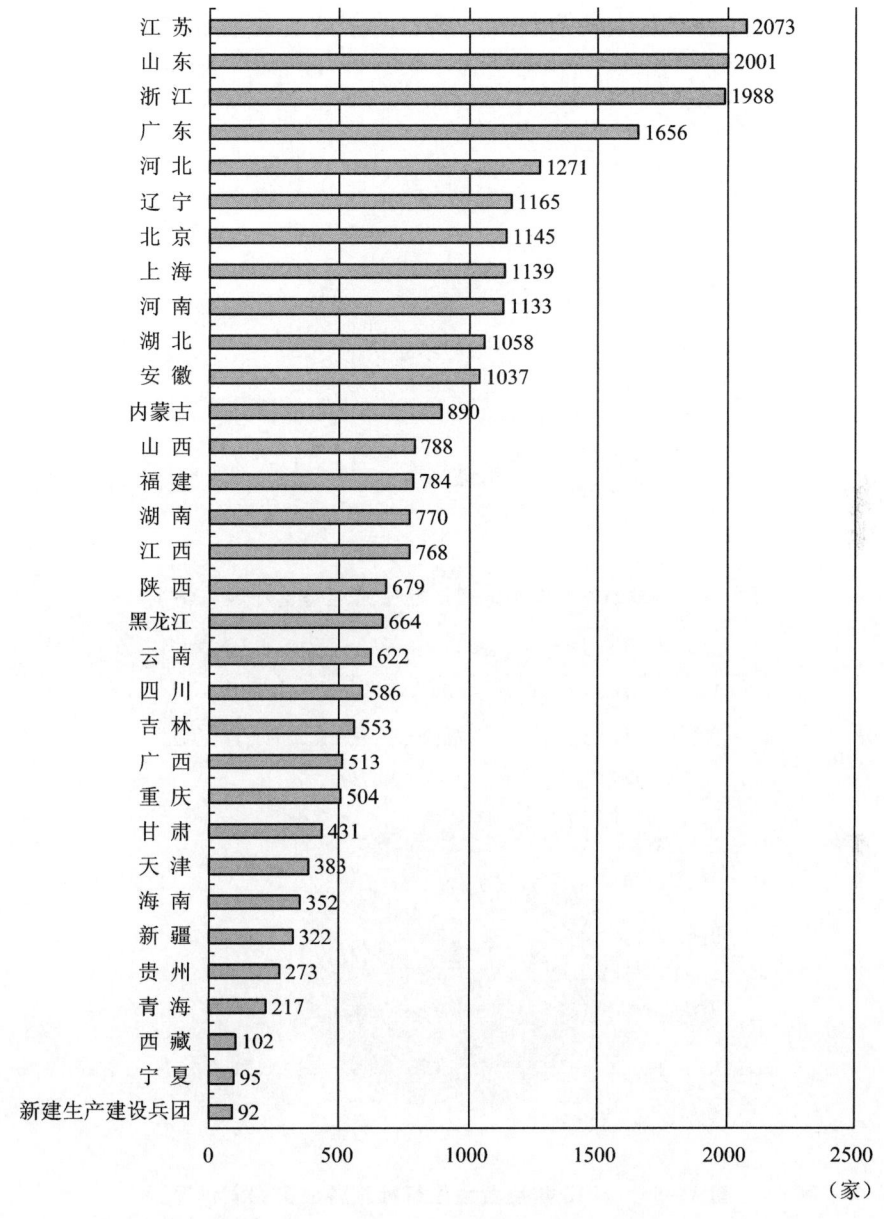

图4-31 2013年度全国分地区旅行社数量

（二）经营指标地域比较

2013年度旅行社经营指标排名前十的省（直辖市、自治区）依次是广东、山东、浙江、江苏、北京、福建、上海、湖南、辽宁、湖北。

2013年度旅行社旅游业务营业收入排名前十的省（直辖市、自治区）分别是北京、广东、上海、浙江、江苏、山东、福建、湖南、云南、湖北，上述地区旅游业务营业收入占全国的79.00%。

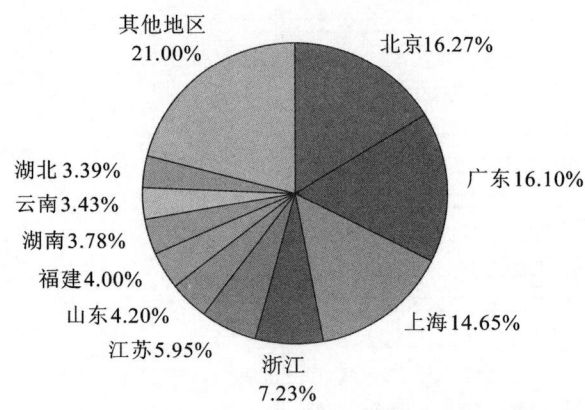

图4-32　2013年度各地旅行社旅游业务营业收入情况

2013年度旅行社旅游业务利润排名前十的省（直辖市、自治区）分别是广东、北京、上海、浙江、山东、江苏、福建、湖北、湖南、辽宁。

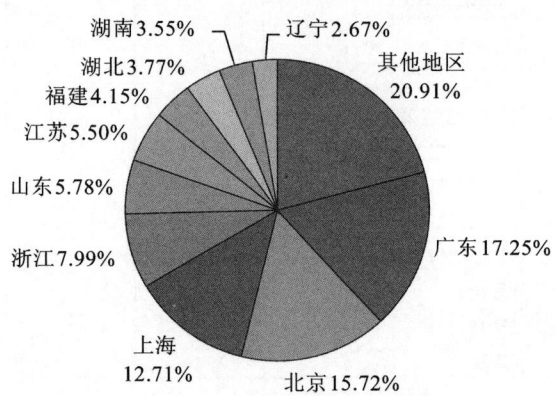

图4-33　2013年度各地旅行社旅游业务利润情况

2013年度旅行社旅游业务实缴税金（营业税金及附加与企业所得税之和）排名前十的省（直辖市、自治区）依次是北京、广东、上海、浙江、江苏、山东、湖南、湖北、福建、四川。

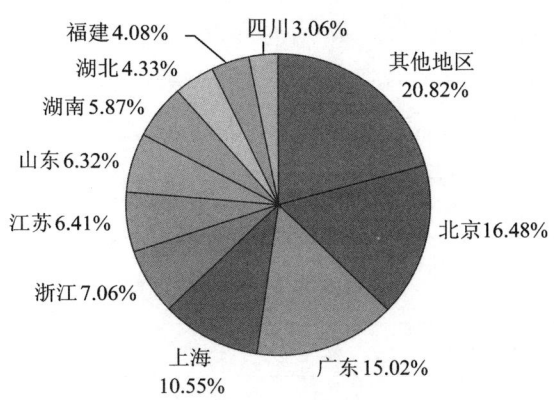

图 4-34 2013 年度各地旅行社实缴税金情况

五、全国旅行社百强分析

（一）全国旅行社百强排序方式

依据《中华人民共和国统计法》《旅行社条例》《旅行社条例实施细则》《旅游统计调查制度》和《旅行社统计调查办法》，国家旅游局组织开展了 2013 年度全国旅行社统计调查工作，依据 2013 年度全国旅行社统计调查指标和经营情况，按照 2013 年度全国旅行社调查排序标准，排出了 2013 年度全国百强旅行社。

全国旅行社百强必备条件：

自觉遵守国家和行业法规，统计年度内未受过罚款以上行政处罚。

经省级旅游主管部门审核，统计年度内无重大安全责任事故、重大质量责任事故，有效投诉较少。

全国百强旅行社、旅行社税收十强排序对象为独立法人的旅行社。

全国旅行社集团十强排序对象为合并了子公司数据的旅行社母公司。

全国旅行社百强评定标准：

国内旅游组织人天、国内旅游接待人天、入境旅游外联人天、入境旅游接待人天和出境旅游组织人天五项指标中有一项进入全国前 200 名。

在以上最多 1000 家旅行社中，取净资产（即所有者权益）、旅游业务营业收入（即入境、出境、国内旅游收入之和）、净利润（即利润总额减去所得税)、实缴税金(即营业税金及附加与所得税之和)四项指标,每项指标除以该项全国旅行社平均值得到相应系数,按四项指标相应系数之和由大到小取前100名旅行社。其中净资产小于或等于零的旅行社被排除。

四项指标相应系数之和相同时,依次以旅游业务营业收入、实缴税金、净利润、净资产相应系数大者为先,决定其最后排序位次。

表4-1 2013年度全国百强旅行社

位次	许可证编号	旅行社名称
1	L-SH-CJ00009	上海春秋国际旅行社(集团)有限公司
2	L-GD-CJ00004	广州广之旅国际旅行社股份有限公司
3	L-BJ-CJ00003	中青旅控股股份有限公司
4	L-GD-CJ00002	广东省中国旅行社股份有限公司
5	L-BJ-CJ00071	北京众信国际旅行社股份有限公司
6	L-BJ-CJ00001	中国国际旅行社总社有限公司
7	L-BJ-CJ00051	北京凯撒国际旅行社有限责任公司
8	L-BJ-CJ00127	中青旅国际会议展览有限公司
9	L-SH-CJ00025	上海携程国际旅行社有限公司
10	L-HUB-CJ00019	湖北万达新航线国际旅行社有限责任公司
11	L-CQ-CJ00001	重庆海外旅业(旅行社)集团有限公司
12	L-BJ-CJ00043	竹园国际旅行社有限公司
13	L-ZJ-CJ00008	浙旅控股股份有限公司
14	L-HUN-CJ00001	湖南华天国际旅行社有限责任公司
15	L-BJ-CJ00099	北京携程国际旅行社有限公司
16	L-GD-CJ00019	广东南湖国际旅行社有限责任公司
17	L-FJ-CJ00002	福建省中国旅行社
18	L-HUB-CJ00020	湖北康辉国际旅行社有限责任公司
19	L-BJ-CJ00020	北京凤凰假期国际旅行社有限公司
20	L-SH-CJ00005	上海锦江旅游有限公司
21	L-GD-CJ00039	深圳中国国际旅行社有限公司

续表

位次	许可证编号	旅行社名称
22	L – HUN – CJ00002	湖南省亲和力旅游国际旅行社有限公司
23	L – SD – CJ00021	中国旅行社总社（青岛）有限公司
24	L – BJ – CJ00008	中国铁道旅行社
25	L – JS – CJ00001	中国国旅（江苏）国际旅行社有限公司
26	L – FJ – CJ00020	厦门建发国际旅行社有限公司
27	L – GD – CJ00056	深圳市宝中旅行社有限公司
28	L – SD – CJ00046	山东南山国际旅行社有限公司
29	L – SD – CJ00002	山东嘉华文化国际旅行社有限公司
30	L – GD – CJ00052	深圳市海外国际旅行社有限公司
31	L – CQ – CJ00002	重庆市中国旅行社（集团）有限公司
32	L – JS – CJ00010	无锡市中国旅行社有限责任公司
33	L – SH – CJ00004	上海中国青年旅行社
34	L – BJ – CJ00152	国旅国际会议展览有限公司
35	L – HUB – CJ00006	湖北省中国旅行社有限责任公司
36	L – SH – CJ00056	上海驴妈妈兴旅国际旅行社有限公司
37	L – SH – CJ00057	中青旅（上海）国际会议展览有限公司
38	L – SD – CJ00048	威海中国旅行社有限公司
39	L – LN – CJ00046	中国旅行社总社（大连）有限公司
40	L – SH – CJ00007	国旅集团上海有限公司
41	L – JS – CJ00017	常州国旅旅行社有限公司
42	L – JS – CJ00026	苏州青年旅行社股份有限公司
43	L – ZJ – CJ00003	浙江省中青国际旅游有限公司
44	L – HUN – CJ00008	湖南海外旅游有限公司
45	L – HUB – CJ00003	长江轮船海外旅游总公司
46	L – AH – CJ00002	安徽中国青年旅行社有限责任公司
47	L – SD – CJ00017	青岛中青旅国际旅行社有限公司

续表

位次	许可证编号	旅行社名称
48	L–HEB–CJ00015	河北康辉国际旅行社有限责任公司
49	L–SD–CJ00001	山东旅游有限公司
50	L–HUB–CJ00022	中国国旅（宜昌）国际旅行社有限公司
51	L–SH–CJ00011	上海航空国际旅游（集团）有限公司
52	L–GD–CJ00085	佛山市中旅国际旅行社有限公司
53	L–BJ–CJ00011	中国康辉旅行社集团有限责任公司
54	L–LN–CJ00041	辽宁康辉国际旅行社有限公司
55	L–SH–CJ00003	上海中旅国际旅行社有限公司
56	L–HUB–CJ00035	湖北峡州国际旅行社有限公司
57	L–FJ–CJ00008	福建省康辉国际旅行社股份有限公司
58	L–BJ–CJ00060	北京青年旅行社股份有限公司
59	L–HUB–CJ00011	中南国际旅游公司（湖北）
60	L–GD–CJ00001	中国国旅（广东）国际旅行社股份有限公司
61	L–LN–CJ00019	沈阳青年国际旅行社有限公司
62	L–GD–CJ00082	广东顺之旅国际旅行社有限公司
63	L–ZJ–CJ00002	浙江省中国旅行社集团有限公司
64	L–FJ–CJ00011	福建康泰国际旅行社有限公司
65	L–FJ–CJ00005	福建省旅游有限公司
66	L–SD–CJ00010	山东交运旅游集团有限公司
67	L–FJ–CJ00009	福建省春秋国际旅行社有限公司
68	L–GD–CJ00084	佛山国旅国际旅行社有限公司
69	L–GD–CJ00081	佛山市禅之旅国际旅行社有限公司
70	L–GD–CJ00115	中山中国国际旅行社有限公司
71	L–FJ–CJ00015	厦门旅游集团国际旅行社有限公司
72	L–GD–CJ00036	广州携程国际旅行社有限公司
73	L–BJ–CJ00061	北京市华远国际旅游有限公司

第四章 旅行社产业发展现状分析
Chapter 4　An Overview of China Travel Agency

续表

位次	许可证编号	旅行社名称
74	L-SH-CJ00045	中国旅行社总社（上海）有限公司
75	L-HEN-CJ00001	河南旅游集团有限公司
76	L-SC-CJ00002	成都中国青年旅行社
77	L-SD-CJ00022	青岛华青国际旅行社有限责任公司
78	L-BJ-CJ00086	中国旅行社总社（北京）有限公司
79	L-SC-CJ00010	四川康辉国际旅行社有限公司
80	L-HUN-CJ00005	湖南新康辉国际旅行社有限责任公司
81	L-JS-CJ00006	江苏省中旅旅行社有限公司
82	L-GD-CJ00044	深圳华侨城国际旅行社有限公司
83	L-SD-CJ00057	淄博国际旅行社有限公司
84	L-JS-CJ00012	江苏康辉国际旅行社有限责任公司
85	L-GD-CJ00121	江门市大方旅游国际旅行社有限公司
86	L-BJ-CJ00005	中信旅游集团有限公司
87	L-LN-CJ00069	辽宁大运通国际旅行社有限公司
88	L-LN-CJ00002	沈阳市海外国际旅行社有限公司
89	L-SNX-CJ00006	中国旅行社总社西北有限公司
90	L-AH-CJ00006	黄山市中国旅行社
91	L-GD-CJ00083	佛山市南海中旅假日国际旅行社有限公司
92	L-BJ-CJ00007	中国妇女旅行社
93	L-JX-CJ00006	南昌铁路国际旅行社有限责任公司
94	L-SD-CJ00055	临沂国际旅行社有限公司
95	L-HUB-CJ00015	宜昌大三峡国际旅行社
96	L-GD-CJ00041	深圳市口岸中国旅行社有限公司
97	L-SD-01018	山东省交通旅行社
98	L-GD-CJ00089	佛山市口岸国际旅行社有限公司
99	L-JS-CJ00034	江苏舜天海外旅游有限公司
100	L-JS-CJ00009	无锡中国国际旅行社有限公司

85

全国旅行社集团十强评定标准：

取净资产（即所有者权益）、旅游业务营业收入（即入境、出境、国内旅游收入之和）、净利润（即利润总额减去所得税）、实缴税金（即营业税金及附加与所得税之和）四项指标，每项指标除以该项全国旅行社平均值得到相应系数，按四项指标相应系数之和由大到小取前十名旅行社。其中净资产小于或等于零的旅行社被排除。

四项指标相应系数之和相同时，依次以旅游业务营业收入、实缴税金、净利润、净资产相应系数大者为先，决定其最后排序位次。

表4-2　2013年度全国旅行社集团十强

位次	许可证编号	旅行社名称
1	L－SH－CJ00009	上海春秋国际旅行社（集团）有限公司
2	L－BJ－CJ00003	中青旅控股股份有限公司
3	L－BJ－CJ00002	中国旅行社总社有限公司
4	L－BJ－CJ00001	中国国际旅行社总社有限公司
5	L－GD－CJ00002	广东省中国旅行社股份有限公司
6	L－BJ－CJ00011	中国康辉旅行社集团有限责任公司
7	L－SH－CJ00002	上海锦江国际旅游股份有限公司
8	L－GD－CJ00004	广州广之旅国际旅行社股份有限公司
9	L－GD－CJ00019	广东南湖国际旅行社有限责任公司
10	L－BJ－CJ00005	中信旅游集团有限公司

全国旅行社税收十强评定标准：

按照营业税金及附加与所得税之和由大到小取前十名旅行社。

表4-3　2013年度全国旅行社税收十强

位次	许可证编号	旅行社名称
1	L－SH－CJ00025	上海携程国际旅行社有限公司
2	L－BJ－CJ00071	北京众信国际旅行社股份有限公司
3	L－BJ－CJ00051	北京凯撒国际旅行社有限责任公司
4	L－BJ－CJ00127	中青旅国际会议展览有限公司

续表

位次	许可证编号	旅行社名称
5	L-BJ-CJ00099	北京携程国际旅行社有限公司
6	L-GD-CJ00002	广东省中国旅行社股份有限公司
7	L-SH-CJ00009	上海春秋国际旅行社（集团）有限公司
8	L-BJ-CJ00043	竹园国际旅行社有限公司
9	L-HUB-CJ00019	湖北万达新航线国际旅行社有限责任公司
10	L-CQ-CJ00001	重庆海外旅业（旅行社）集团有限公司

（二）全国旅行社百强区域分布

2013年度百强旅行社覆盖全国17个省（直辖市、自治区）。按照拥有百强旅行社的数量排名依次为广东（19）、北京（16）、山东（11）、上海（10）、江苏（8）、湖北（8）、福建（7）、辽宁（5）、浙江（3）、湖南（3）、重庆（2）、四川（2）、安徽（2）陕西（1）、江西（1）、河南（1）、河北（1）。

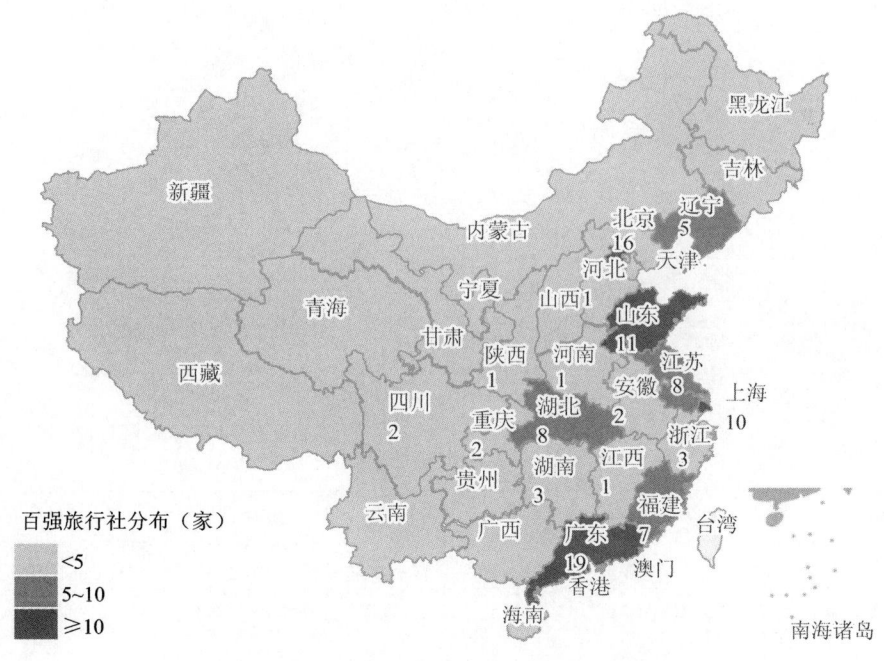

图4-35 2013年度全国旅行社百强区域分布

地图来源：国家测绘地理信息局网站，审图号：GS（2007）1910号

第五章
在线旅游的发展分析

一、在线旅游的现状与发展趋势

国内互联网正处于快速发展期，同时，互联网的快速发展为在线旅游的发展提供了良好的平台。工信部在《通信业"十二五"规划》中提出，到2015年，我国电信业务收入将超过1.5万亿元，城市住宅光纤入户率达60%以上；互联网宽带接入用户数已经由2008年的8342.5万户升至2013年的18 891万户，复合增速达到17.8%。来自CNNIC（中国互联网络信息中心）的数据显示，2013年在网上预订过机票、酒店、火车票和旅行行程的网民规模达到1.81亿，占网民总数的29.3%。

（一）在线旅游市场供求规模迅速发展

在线旅游业务已成为消费者获得旅游服务的重要渠道。一方面，随着消费需求的个性化，越来越多的消费者已不再满足于传统的跟团旅游，个性化、多样化的旅游形式正广泛地被消费者所接受。另一方面，由于跟团游存在强制购物、价格不透明等问题，游客对旅行社的信任度和满意度降低，自助游被越来越多的游客接受。随着信息技术的快速发展，互联网越来越成为人们获取信息、服务和购买产品的重要渠道。因此，选择在线旅游服务的消费者数量迅猛增加，在线旅游市场的供给规模迅速扩大。旅游市场潜力巨大、互联网不断普及、自助游蓬勃兴起、金融支付体系不断健全，这些都为中国在线旅游市场的发展创造了良好条件。

2013年，我国的OTA（在线旅行社）市场仍然呈现携程一家独大的局面，占比高达49.7%，其次为艺龙，占比为9.7%，排名第三为同程网，占比为6.1%。不过，从近几年的变化来看，携程第一的地位不断受到挑战，加之各种新兴在线旅游模式的兴起，行业集中度略有降低。

（二）在线旅游服务商的竞争力迅速提升

在线旅游业务发展初期，更多是作为传统分销渠道的补充。该类网站以发布旅行社的团队旅行线路和提供旅游目的地旅游资讯为主，并同时提供酒店、机票的预订。经过几年时间的培育，在线旅游市场开始成熟，大的在线旅游服务代理商、航空公司、酒店都在不停地推出新的信息，并提供功能更好的服务。特别是作为行业领袖的携程和艺龙，其资金、技术、服务网络、品牌、客户资源优势已经形成。目前，中国在线旅游服务已经走出"机票+酒店"的模式，呈现出业务全面发展的态势。根据劲旅咨询的统计，2013年，中国在线旅游市场总交易额约为2522亿元，其中，在线机票业务总交易额约为1544.6亿元，占据在线旅游市场61.2%的份额；在线酒店业务总交易额约为614.6亿元，在在线旅游市场中占比为24.4%，在线旅游度假业务总交易额约为293亿元，在在线旅游市场中占比为11.6%。如今，"机票+酒店+度假"产品业务全面发展，在线旅游已经从最初简单的线上预订发展成为经营度假产品、提供旅游信息和预订服务的全方位服务平台，在线旅游服务商也将成为名副其实的"全方位旅行服务商"。

二、在线机票

从我国的情况来看，根据劲旅咨询的统计，2013年，中国在线旅游市场总交易额约为2522亿元，其中，在线机票业务总交易额约为1544.6亿元，占据在线旅游市场61.2%的份额。

近年来，在线机票预订业务趋于成熟，在整体机票预订中渗透率较高，出现增幅放缓态势。2013年在线旅游机票市场交易额同比增长26.5%。从市场份额来看，据统计，2013年携程机票销售额约467.3亿元，排名第一，占整体市场的12.9%；其次是去哪儿网，交易额约293.4亿元；然后是淘宝旅行频道、同程网、腾邦国际，它们的交易金额约在80亿~120亿元。整体来看，五家核心企业的份额分别占机票市场交易额、在线机票交易额的29.1%、68.3%。

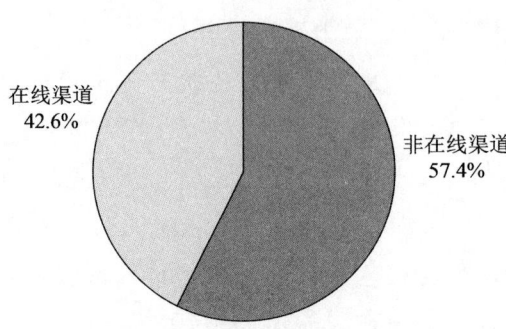

图 5–1　2013 年机票行业在线/非在线渠道分销占比

资料来源：劲旅咨询，华泰证券研究所

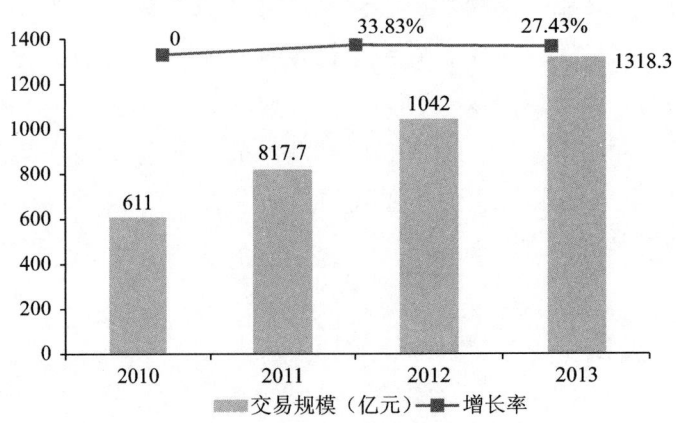

图 5–2　2010—2013 年中国在线机票市场交易规模

资料来源：艾瑞咨询

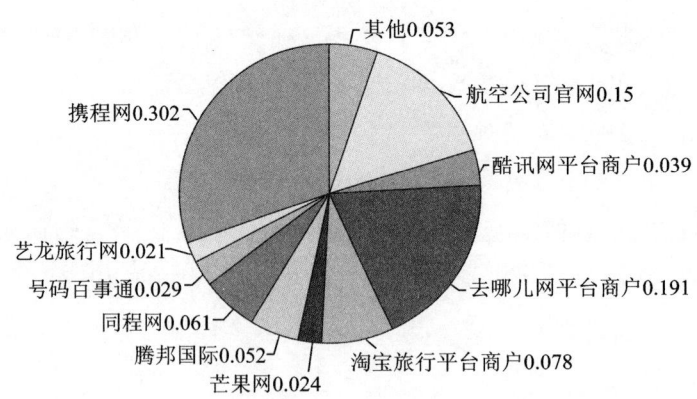

图 5–3　2013 年中国在线机票市场主要渠道份额

资料来源：劲旅咨询

三、在线酒店

从我国的情况来看,根据劲旅咨询的统计,2013 年,中国在线旅游市场总交易额约为 2522 亿元,其中,在线酒店业务总交易额约为 614.6 亿元,在在线旅游市场中占比为 24.4%。

我国的酒店业集中度较低,除少数高档酒店及经济型连锁酒店外,中小单体酒店仍是酒店服务的主要提供商,目前酒店业渗透率仅 2% 左右。从市场份额来看,携程在线酒店预订交易额约 176.4 亿元,排名第一,其次是艺龙和去哪儿,交易额分别为 86.7 亿元和 27.0 亿元,接下来是美团,交易额约 17 亿元,前五家公司占据在线酒店预订市场一半以上的份额。

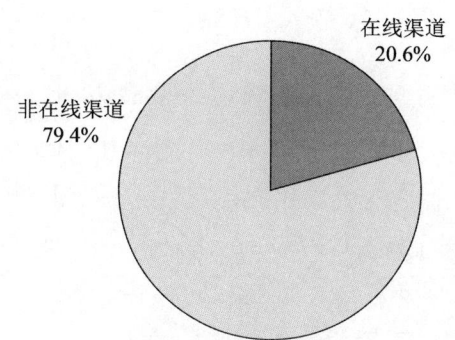

图 5-4　2013 年酒店行业在线/非在线渠道分销占比

资料来源:劲旅咨询,华泰证券研究所

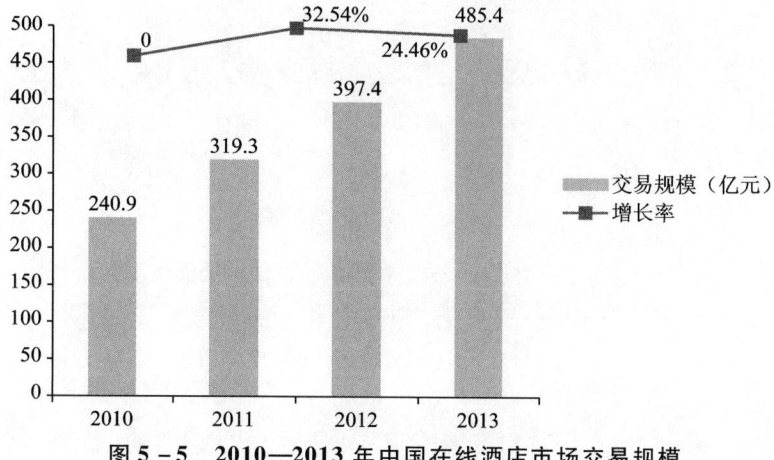

图 5-5　2010—2013 年中国在线酒店市场交易规模

资料来源:艾瑞咨询

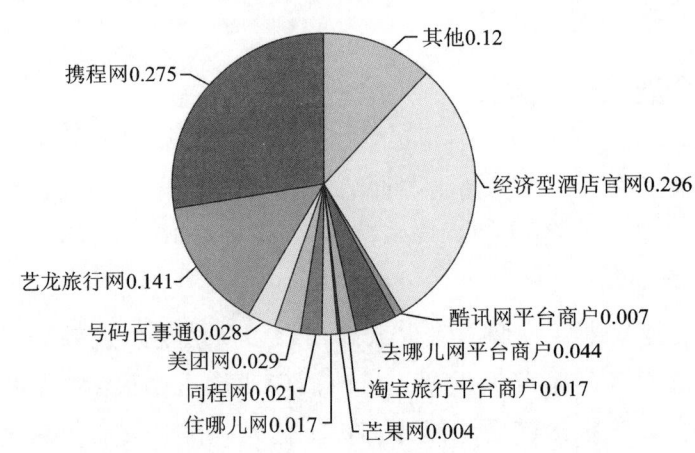

图 5-6 2013 年中国在线酒店市场主要渠道份额

资料来源：劲旅咨询

注："经济型酒店官网"特指如家、华住、7天、锦江之星、格林豪泰的官网

2013 年，国内各类型酒店中，会议度假型酒店和国内外高星级酒店对在线旅行社的依赖相对最低，其次为国内经济型酒店和国际品牌的低星级酒店，国内低星级酒店和国内酒店式公寓对在线旅行社的渠道依赖相对最高。

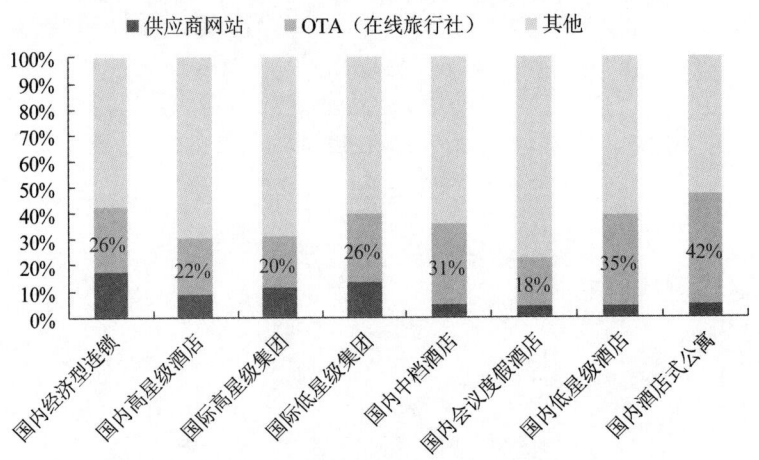

图 5-7 2013 年国内各类型酒店的分销渠道情况

资料来源：艾瑞网，国信证券经济研究所整理

四、在线门票

我国景区门票在线化率极低（2013年仅2%）。但是，景区门票市场空间巨大（2013年国内景区门票销售收入达1300亿元以上）。2013年77.2%的用户线上预订过景区门票，同比增加8.8个百分点（艾瑞咨询）。在没有预订的人群中，32.4%的人是由于不知道可以在线上购买门票。

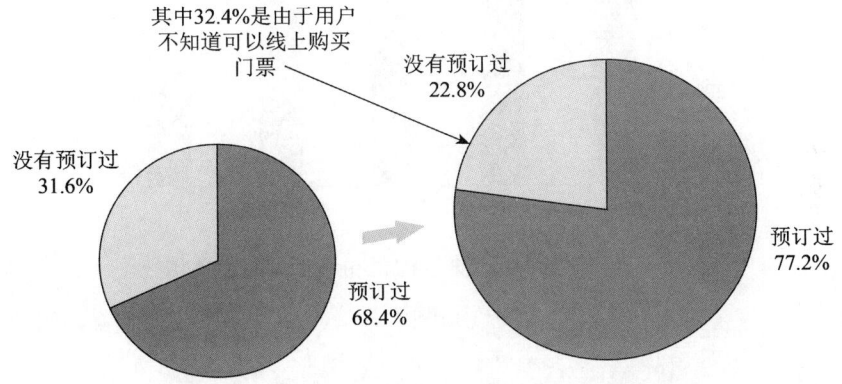

图5-8　门票在线预订渗透率呈上升趋势

资料来源：艾瑞咨询、华泰证券研究所

从门票市场整体来看，2014年以来，门票在线预订量呈现高速增长趋势。根据携程发布的春节、清明、五一和端午门票在线预订报告，门票在线预订量均保持爆发式增长，除端午受多方面因素影响增长600%外，其他时段增长均在800%~900%。通过手机APP（应用）预订的门票在高峰期的占比甚至超过了50%。

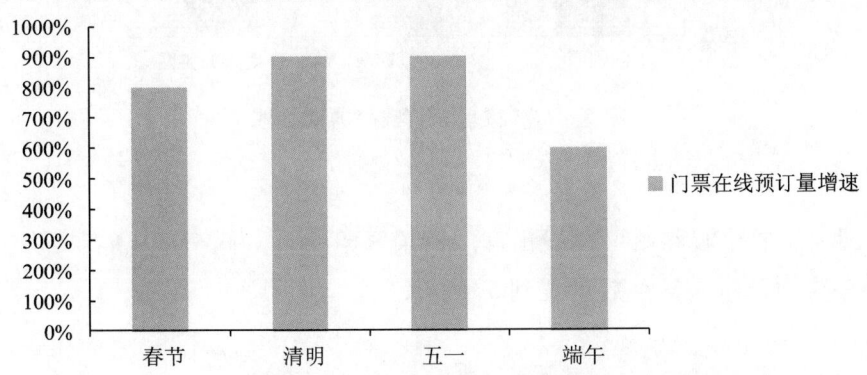

图5-9　2014年假日期间门票在线预订保持高速增长

资料来源：携程，国信证券经济研究所整理

从 5A 级景区可在线预订状况看，截至 2014 年，中国 176 家 5A 级景区在 5 家主要在线旅游网站的可在线预订状况监测显示，驴妈妈目前的覆盖率达到 78%。从景区支付方式构成中看，驴妈妈主要采取预支付方式。

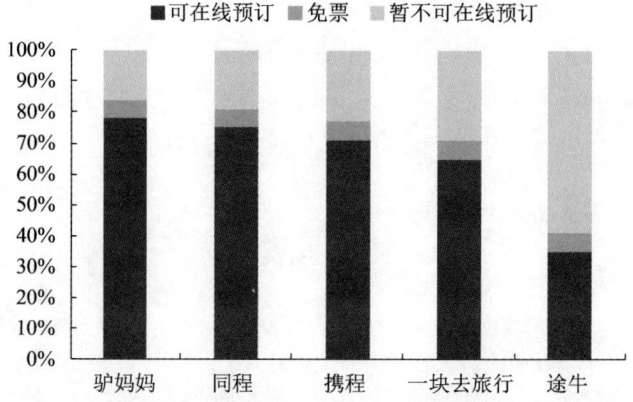

图 5-10　国家 5A 级景区门票在线预订的覆盖情况

资料来源：劲旅网，国信证券经济研究所整理

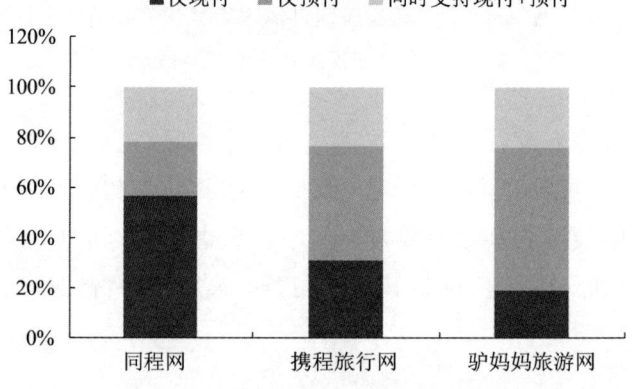

图 5-11　景区预订支付方式构成

资料来源：艾瑞网，国信证券经济研究所整理

从国内主要旅游网站可在线预订门票景区数量看，截至 2014 年 5 月，同程签约可在线预订门票景点数量达到 5350 家。

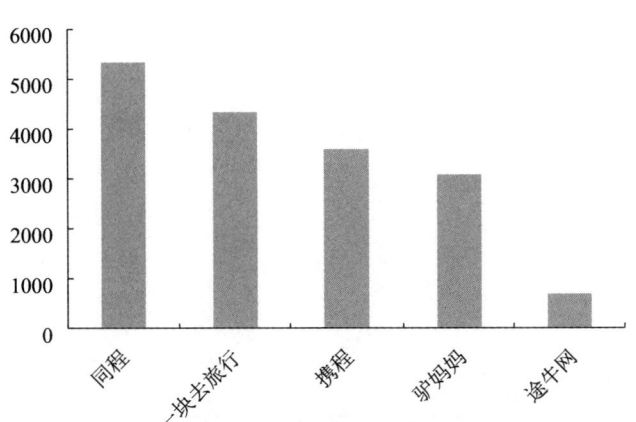

图 5-12　截至 2014 年 5 月主要旅游网站可在线预订门票景区数量检测
资料来源：国家旅游局，国信证券经济研究所整理

从国内的景区公司在线化程度看，主题公园类景区在线预订比例可以达到12%~15%，自然山水景区在线预订比例仅2%~3%，古镇、古建筑类景区在线预订比例相对更低。提高景区公司的系统化程度有利于我国门票在线化的发展。

五、在线度假

根据劲旅咨询的统计，2013年，中国在线旅游市场总交易额约为2522亿元，其中在线度假业务总交易额约为293亿元，在在线旅游市场中占比为11.6%。

相比机票、酒店和门票等标准化产品，在线度假市场内容丰富，渗透率低（仅9.2%）。从市场份额来看，通过携程旅行网产生的旅游度假业务全年交易额约占在线旅游度假市场总交易额的23.3%，位居第一。途牛旅游网占比约为9.8%，排名第二。驴妈妈旅游网占比3.4%，位居第三。中国度假休闲游需求强劲，并进一步带动租车、度假公寓等业务增长。在线度假市场将成为在线旅游核心增长领域。

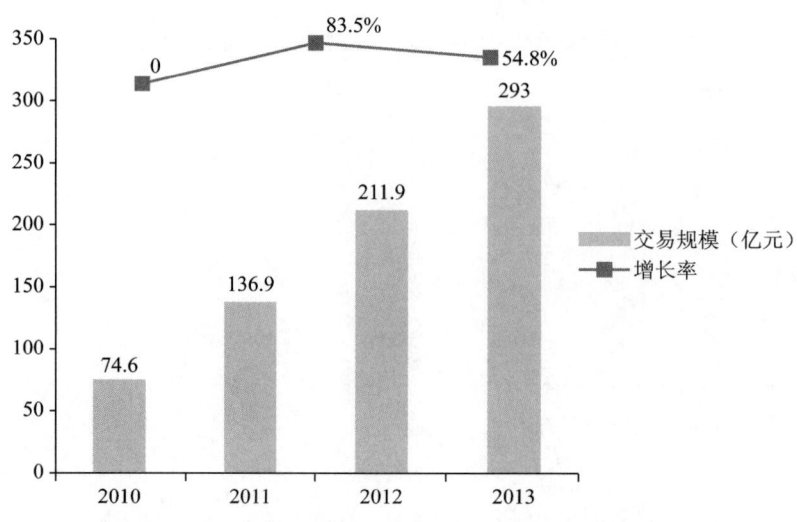

图 5–13　2010—2013 年中国在线度假市场交易规模

资料来源：艾瑞咨询

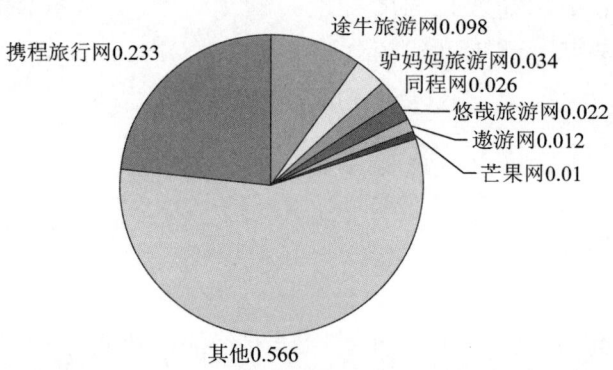

图 5–14　2013 年中国在线度假市场主要渠道份额

资料来源：劲旅咨询

从交易额来看，2011 年，在线度假市场在机票、酒店等旅游产品中占比为 10.4%，2013 年，占比上升到 13.9%，在线度假市场整体呈现稳定上升趋势。

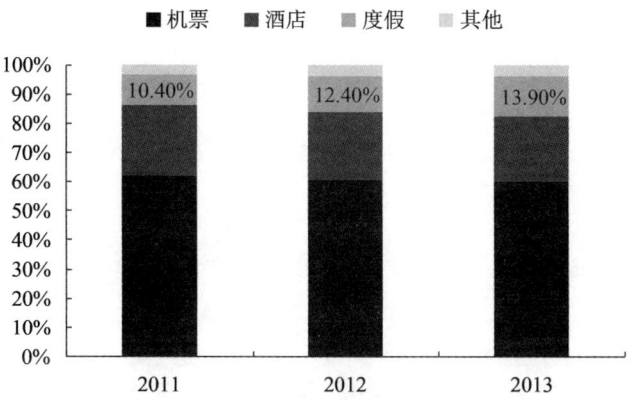

图 5-15 在线旅游结构变化（按交易额）

资料来源：艾瑞网，国信证券经济研究所整理

（一）在线度假特点

一是渗透率低。2013 年，国内在线度假行业在线渗透率占比 9.2%，机票行业在线渗透率占比 42.6%，酒店行业在线渗透率占比 20.6%。

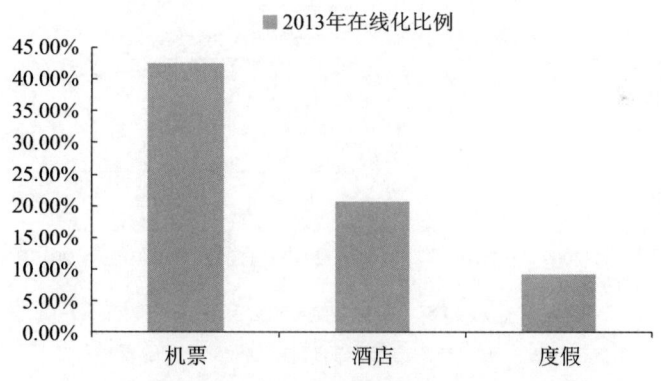

图 5-16 度假产品的渗透率

资料来源：劲旅咨询，国信证券经济研究所整理

二是增长速度快。2013 年及以前在线度假行业增速均在 40% 以上，明显高于在线酒店和机票的增速。2013 年，国内在线度假交易规模已经达到 303 亿元，占在线旅游市场份额的 13.9%。

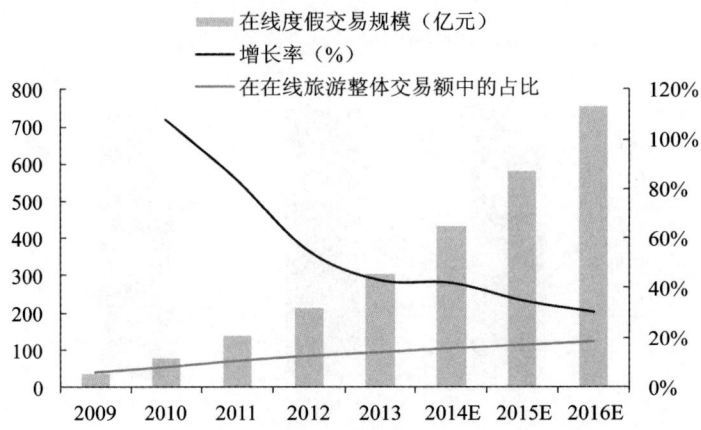

图 5-17　国内在线度假市场交易额

资料来源：艾瑞网，国信证券经济研究所整理

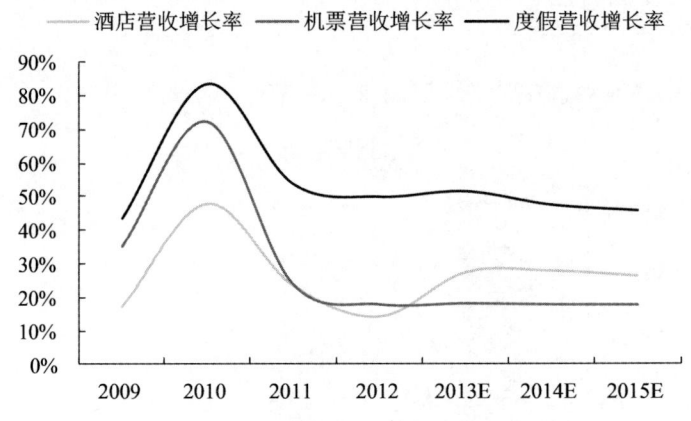

图 5-18　在线旅游产品品种增速

资料来源：劲旅咨询，国信证券经济研究所整理

三是直销占比低。从直销和分销的情况来看，在线度假的直销占比明显低于机票和酒店等容易标准化的产品。

第五章　在线旅游的发展分析
Chapter 5　Development of China Online Tourism

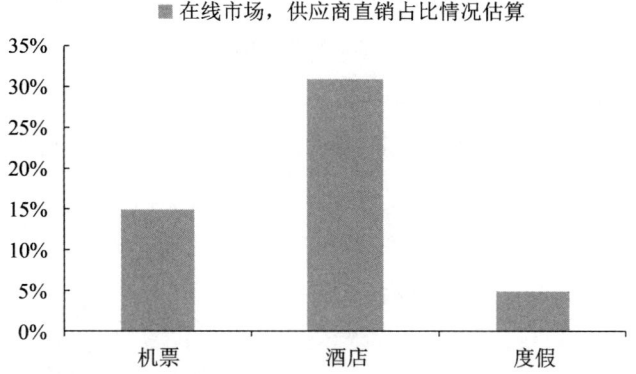

图 5-19　在线旅游市场中供应商直销占比情况

资料来源：艾瑞网，国信证券经济研究所整理

注：经济型酒店直销占比极高，拉高了酒店整体的直销占比

四是集中度不高。从度假市场的份额来看，2013 年，携程的市场份额最高，为 21.6%，其次是途牛，市场份额为 11.4%，第三是同程，市场份额为 8.9%。总体来看，携程旅游网、途牛旅游网、同程网、中青旅遨游网以及悠哉旅游网等前五家在线旅行社合计占据度假市场份额的 50%。

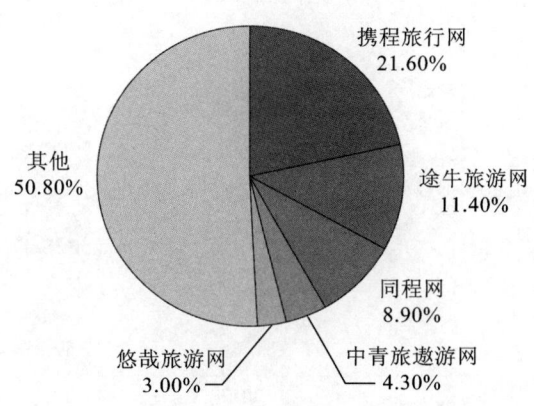

图 5-20　2013 年在线度假市场的竞争格局情况

资料来源：艾瑞网，国信证券经济研究所整理

101

（二）在线度假产品组织形式

一是自助游。2013 年以前自助游一直保持 50% 及以上的增长速度。2012 年年初，在线自助游占比超过了 50%。OTA 企业推出"机票＋酒店""地接＋酒店""门票＋交通"以及众多一日游的产品，推动了在线自助游的高速增长。

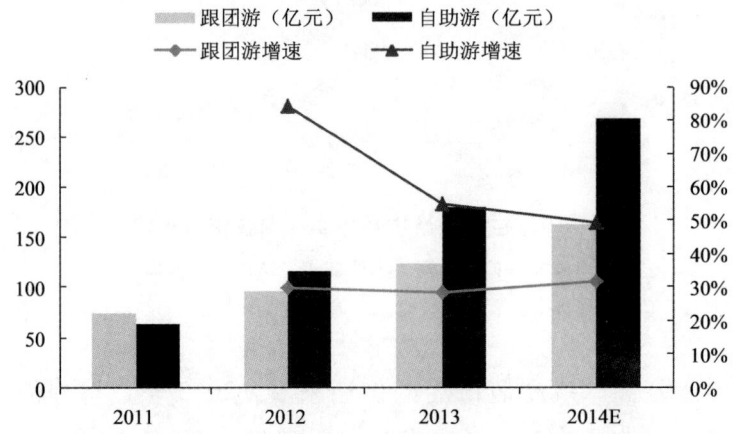

图 5－21　在线自助游及跟团游情况

资料来源：艾瑞网，国信证券经济研究所整理

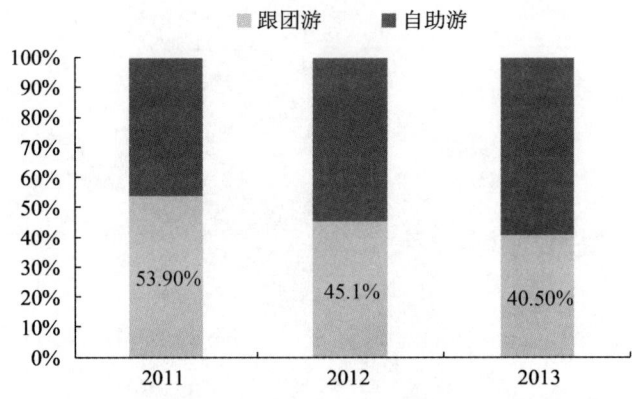

图 5－22　在线度假中跟团游占比

资料来源：艾瑞网，国信证券经济研究所整理

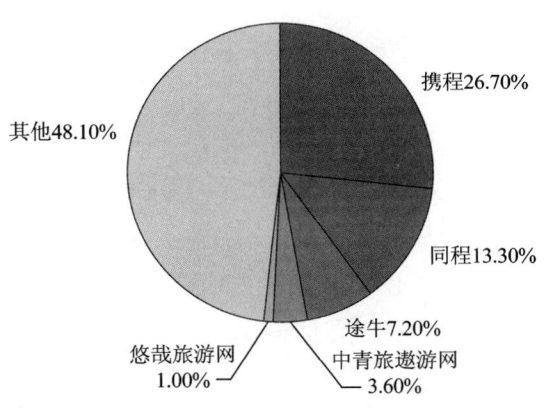

图 5-23　2013 年在线自助游市场格局

资料来源：艾瑞网，国信证券经济研究所整理

二是跟团游。近几年，自由行的快速上涨使跟团游的占比不断下降，但从中国台湾地区来看，虽然台湾区域内旅游的跟团游比例非常低，在 3.5%~5%（因其区域内交通已经较为发达），但是台湾的出境游中，跟团游的占比仍然达到 80%。其中，跟团游涉及组团社和地接社。组团社的线上主要分销商是途牛、携程、悠哉旅游网以及欣欣旅游网等。主要批发商是八爪鱼（华东线的旅游 B2B 平台）、旅游圈、百事通，欣旅通等 B2B（电子商务中企业对企业的交易方式）平台。

（三）在线度假旅游目的地

一是周边游。周边游在出境游、国内长途游、周边游这三类产品中占比略低，2013 年占比达到 28.6%，但增长最快（图 5-24），近两年的增长都在 50% 以上，且周边游具有消费频次高、消费人群庞大的特点。

二是出境游。出境游增长较快，2013、2014 年增速在 40% 以上，2013 年交易额占比为 38%，且出境游行业具有客单价较高的特点。

三是国内长途游。2013 年，国内长途游占比 33%，但这几年增速明显放缓，一方面受出境游分流的影响，另一方面受"大交通 + 周边游"出行方式的影响。（来源：增光，钟潇. 国信证券）

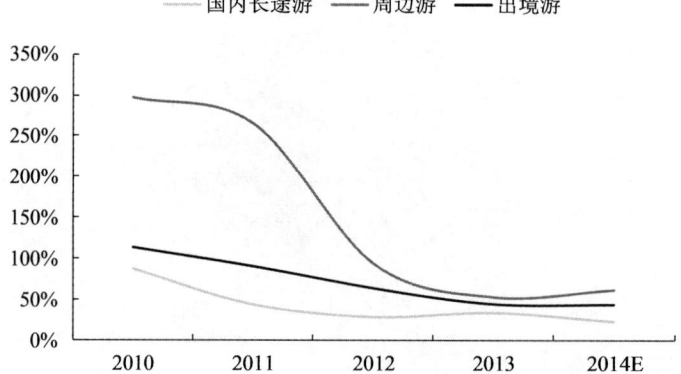

图 5-24　周边游/出境游/国内长途游增速

资料来源：艾瑞网，国信证券经济研究所整理

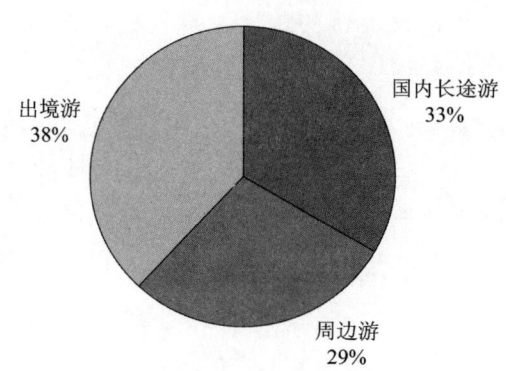

图 5-25　2013 年出境游/国内长途游/周边游占比

资料来源：艾瑞网，国信证券经济研究所整理

六、其他新兴业务

（一）租车业务

一是渗透率低。罗兰贝格统计显示，2012 年中国租车市场渗透率只有 0.4%，而同期的美国 1.6%，韩国 1.4%，巴西 1.3%。

二是增长速度快。罗兰贝格的统计显示，2008—2013 年，国内租车市场年均复合增速达 29%，其中短租市场（单次租期在 30 天以内）年均复合增长达 32%。罗兰贝格还预计，到 2018 年，国内租车市场规模将达 650 亿元，其中短租市场规模有望达到 180 亿元，年均复合增速 25%。

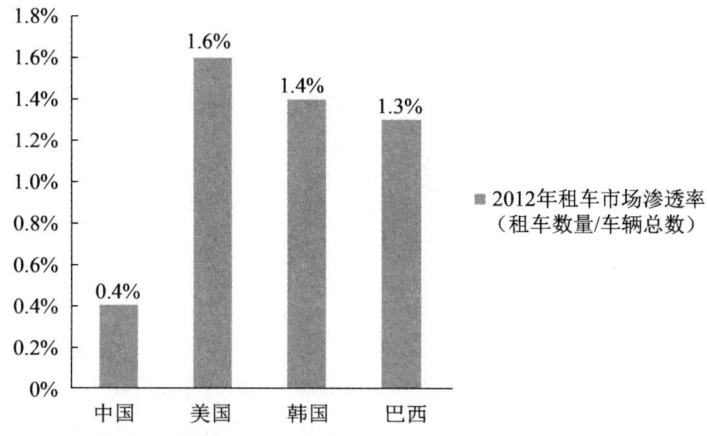

图 5-26　2012 年租车市场渗透率

资料来源：罗兰贝格，环球旅讯，国信证券经济研究所整理

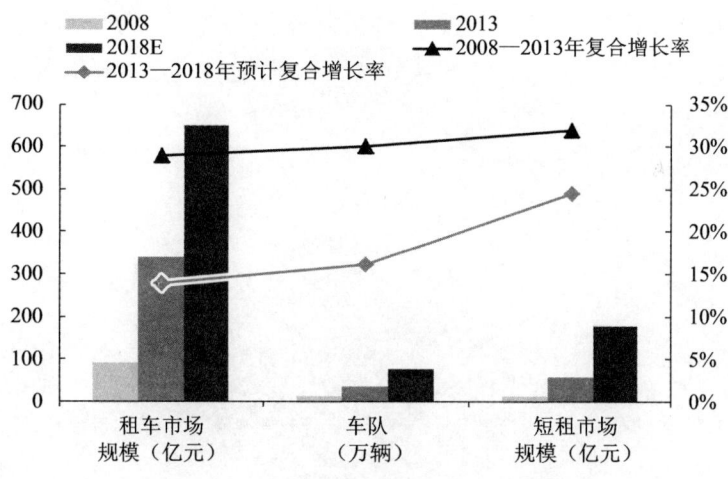

图 5-27　国内租车市场预估增速情况

资料来源：罗兰贝格，环球旅讯，国信证券经济研究所整理

三是集中度低。国内租车市场的集中度还很低，CR5（前五名）仅占 14%。短租市场的占有率达 44%，但与美国、德国等相比差距仍然较大。国内租车行业多以直销为主（线上和线下），分销主要有携程收购、一嗨租车、易到用车等。

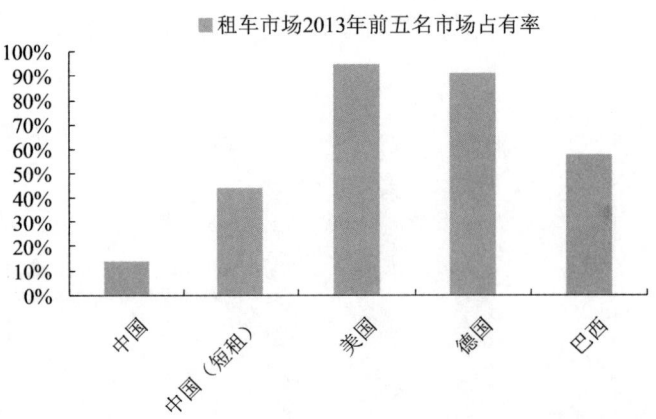

图 5-28 2013 年租车市场前五名市场占有率

资料来源：罗兰贝格，环球旅讯，国信证券经济研究所整理

（二）邮轮业务

邮轮产品主要分布在欧美市场，欧洲和北美邮轮客源占全球邮轮客源的87.5%。从国内来看，2014 年以来，各大邮轮公司纷纷加大在我国的邮轮服务的投放。根据劲旅咨询的统计，上海吴淞口国际邮轮港 2014 年将靠泊邮轮 239 艘次，预计游客将超 100 万人次。

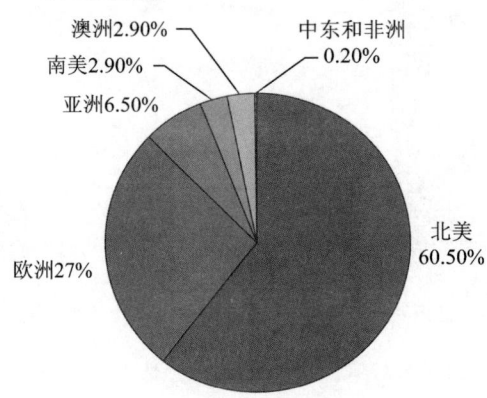

图 5-29 2013 年全球邮轮客源地结构

资料来源：艾瑞网，国信证券经济研究所整理

（三）签证业务

国内在线旅游企业通过降低签证办理费用，扩展企业签证办理业务，从而推广其出境游等其他旅游业务。2014 年，携程旅游网联合近十家在线旅游公司

和线下旅行社共同发布《签证透明化新政白皮书》，定价采用"透明化"方式。实施透明新政后，签证预订人数急剧增长，单月突破8万人。因此，签证市场也将会更加注重服务质量。

美国、加拿大等国家签证材料多而复杂，签证办理过程中存在拒签的风险。并且，办理签证业务也存在以下两方面的弊端：一是签证办理业务的收费标准不统一；二是消费者资料信息可能被泄露。因此，人力资源、经验资源、旅游同行业资源等多项线下资源是在线旅行社成功办理这类国家签证时的关键因素。

（四）互联网金融业务

互联网金融业务延伸至各行各业，其中，携程推出金融理财概念产品，腾邦与众多中小机票代理商合作开展B2B的机票业务，2014年上半年，腾邦发放贷款和垫款余额为2.66亿元，其小额贷业务已实现经营收入2650.60万元。对开展旅游互联网金融服务而言，在线交易平台，小额贷款牌照、互联网支付工具，在旅游商品销售、资金流通、金融服务这三大环节需要实现闭环。在供应链金融领域，互联网形态的金融服务已经有所发展，互联网金融时代也给在线旅游企业带来新的机遇。

（五）团购业务

2014年8月份在线旅游网站团购频道用户覆盖数排名前4位的依次是：去哪儿网、携程旅行网、艺龙旅行网以及同程网。

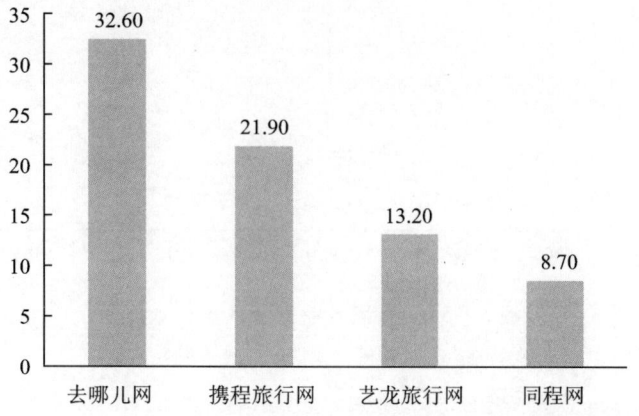

图5-30　2014年8月在线旅游网站团购频道覆盖数统计情况

资料来源：劲旅网

8月份4家主要在线旅游网站的团购频道用户覆盖数有升有降，其中，艺龙旅行网、携程旅行网和去哪儿网团购频道用户覆盖数环比分别上升13.5%、9.7%和1.3%。同程网的团购频道用户覆盖数环比则下降了24.7%。

各大在线旅游商发布的2014年第二季度财报数据显示，2014年第二季度携程酒店团购业务保持着快速增长态势；2014年第二季度艺龙的酒店客房间夜数量约为830万间夜，同比增长44%，团购酒店预订量占比约5%；去哪儿网销售的团购酒店产品数量接近15万，目前占酒店间夜总数的15%，同比有超过两倍的增长。（来源：劲旅网）

七、在线旅游典型企业

（一）携程旅行网

1. 业务内容

携程的在线度假业务在各业务收入中占比较高，2013年，度假业务产品收入9.36亿元（包括代销佣金以及部分交易额），占公司总收入的16%。2014年第一季度，携程线上度假业务销量增长50%，收入仅增长10%，在线度假业务增速减缓。

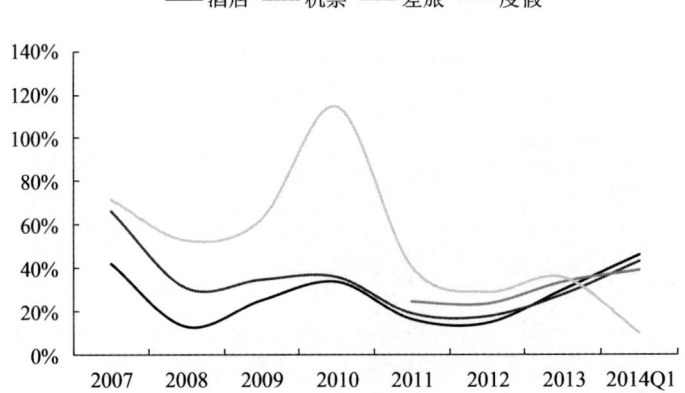

图5-31 携程各业务收入增长情况

资料来源：公司资料，国信证券经济研究所整理

第五章 在线旅游的发展分析
Chapter 5 Development of China Online Tourism

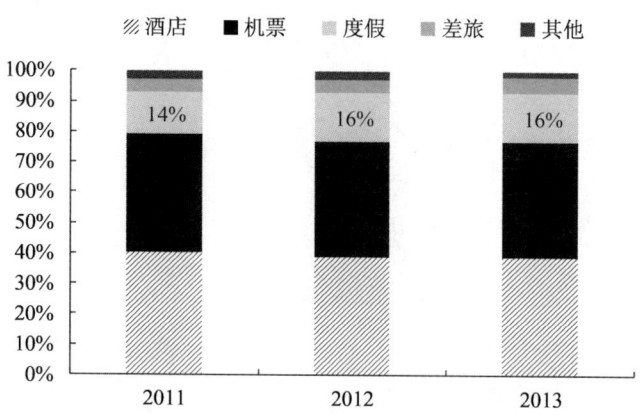

图 5-32 携程旅行网各收入占比情况

资料来源：公司资料，国信证券经济研究所整理

2. 发展概况

（1）从组织形式看，携程依托自身综合 OTA 平台优势，通过"交通+地接"的方式，主打自助游（在线自助游领域排名第一，市场份额 26.7%，如图 5-33 所示）。在 2013 年 60 多亿元的度假业务交易额中，携程的自助游交易额占比为 74%。

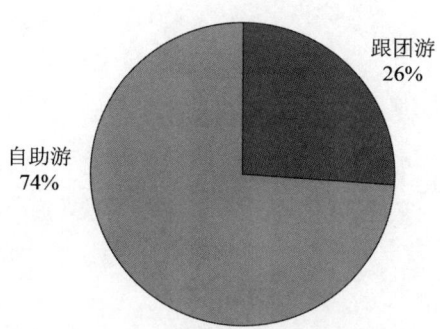

图 5-33 2013 年携程旅行网度假业务中跟团游和自助游的估算占比

资料来源：公司资料，艾瑞网，国信证券经济研究所整理

109

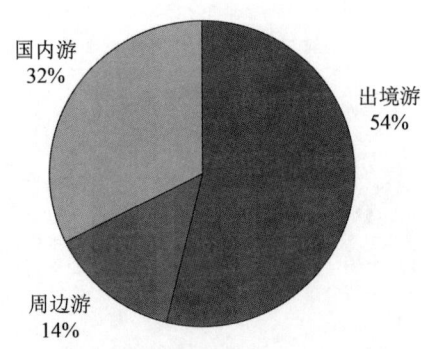

图 5-34 2013 年携程旅行网度假业务按照目的地分类估算占比

资料来源：公司资料，艾瑞网，国信证券经济研究所整理

（2）从目的地看，携程的度假业务中，预计出境游占比在 50% 以上，以"自产自销"的自助游产品为主，主要包括港澳和东南亚的产品；周边游和国内游占比相对较低，周边游产品（含门票预订）估算占 10%~15%。

（3）从未来发展看，携程通过参股等方式与竞争对手合作。一是可以弥补自身的不足，二是有助于推进自身的平台化，参股途牛也可以获得其跟团游等产品优势。（来源：增光，钟潇. 国信证券）

（二）去哪儿网

1. 业务内容

2013 年，点击付费带来的广告收入是其收入的主要构成，占比达 88%，其次为展示型广告收入，占比 8%。从增速来看，2013 年，点击付费带来的广告收入保持 78% 的高速增长，而展示型广告及其他收入的增速分别为 36% 和 15%。

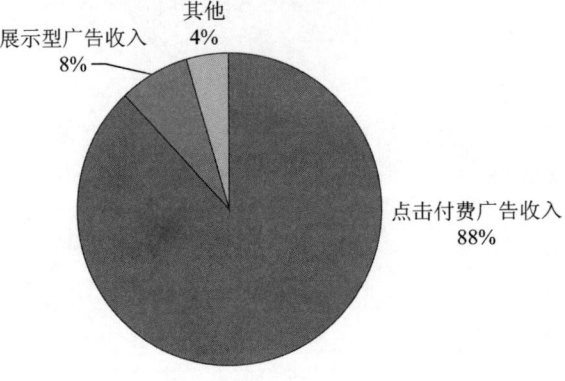

图 5-35 2013 年去哪儿网的收入构成

资料来源：公司资料，国信证券经济研究所整理

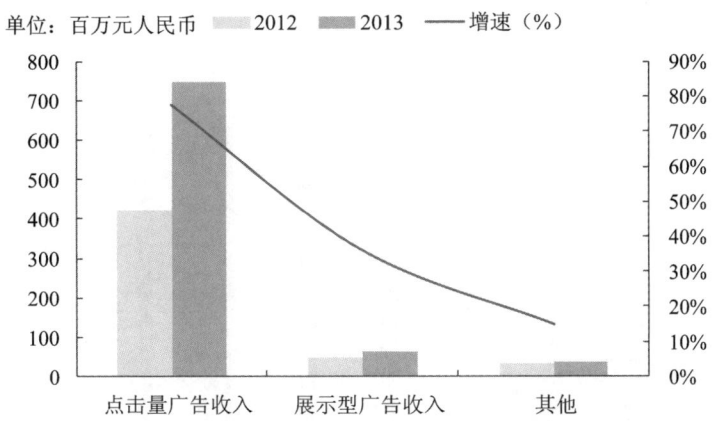

图 5-36 2013 年去哪儿的收入增速：点击量广告增速最快

资料来源：公司资料，国信证券经济研究所整理

2. 去哪儿网和携程、艺龙营收状况

去哪儿第四季度总营收为人民币 2.510 亿元（约合 4150 万美元），比 2012 年同期增长 74.2%；移动渠道营收为人民币 4960 万元，比 2012 年同期增长 390.6%，继续保持高速增长的同时，在总营收中所占比例也从第三季度的 14.6% 升至 19.8%，而上年同期所占比例仅为 7.0%。第四季度归属于去哪儿网股东的净利润为亏损人民币 1.216 亿元（约合 2010 万美元），较上年同期 1860 万元的净亏损额扩大了六倍以上。去哪儿网的总体营收增速在 2013 年第四季度有所提高。

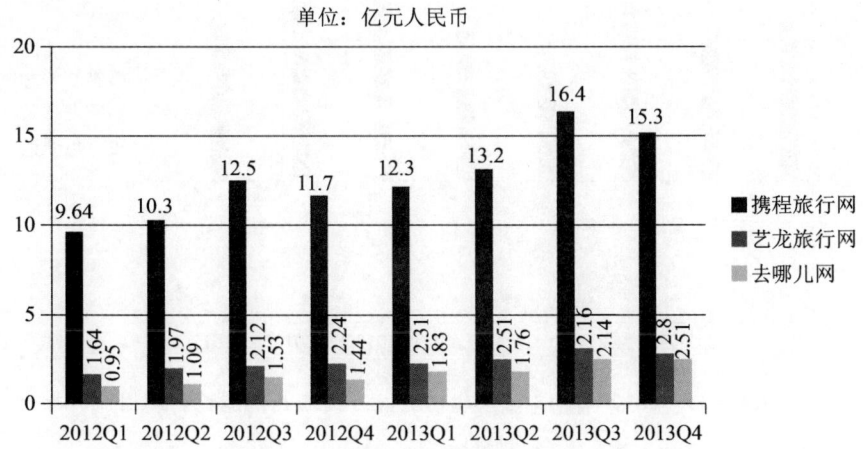

图 5-37 2012—2013 年携程、艺龙、去哪儿网营收状况对比

资料来源：劲旅网、综合上市公司财报

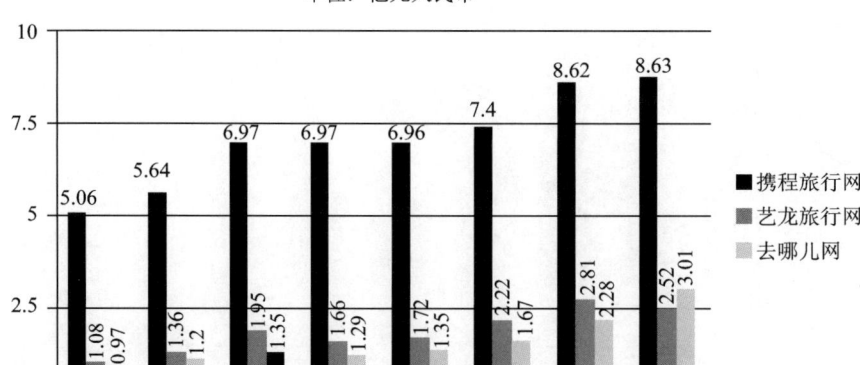

图 5-38 2012—2013 年携程、艺龙、去哪儿网运营成本对比

资料来源：劲旅网、综合上市公司财报

3. 去哪儿网和携程、艺龙运营状况

2013 年第四季度，去哪儿网运营成本支出达 3.01 亿元，增幅高达 133.85%，较上一季度的 68.33%，拉升了近 70 个百分点。而这一季度的运营成本也高于其当季度 2.51 亿元的营收。

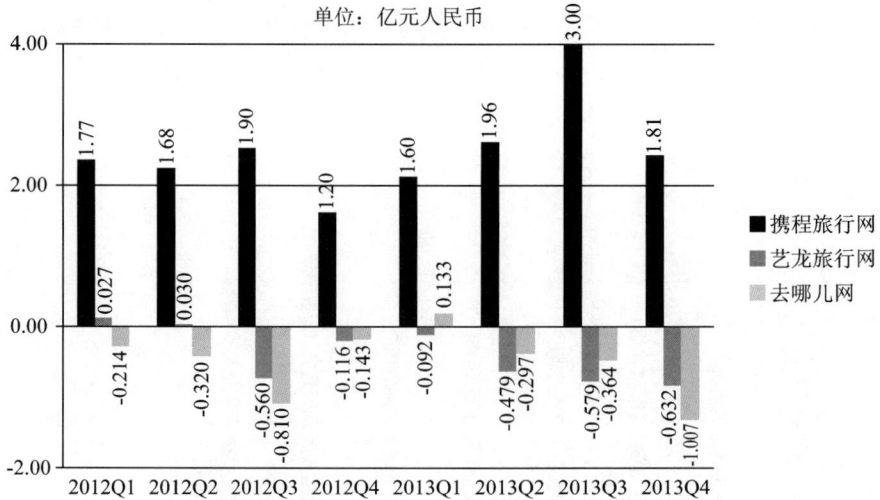

图 5-39 2012—2013 年携程、艺龙、去哪儿网运营利润对比

资料来源：劲旅网、综合上市公司财报

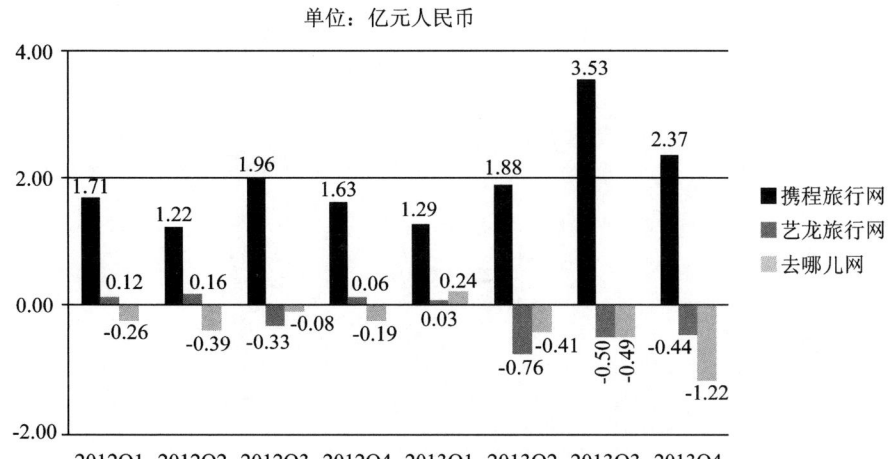

图 5－40　2012—2013 年携程、艺龙、去哪儿网净利润对比

资料来源：劲旅网

4. 去哪儿网和携程、艺龙利润状况

去哪儿网公布的 2013 年第四季度按绩效付费的酒店营收为人民币 5340 万元（约合 880 万美元），较上年同期增长 83.6%，较上一季度增长 6.6%。去哪儿网 2013 年四季度的营收表现超过业内的预期，"重份额，重无线"仍是目前去哪儿网坚持推进的战略，只能通过技术研发和市场营销方面的巨额投入来推动业绩与份额的增长。（来源：劲旅网）

（三）途牛旅游网

1. 业务内容

途牛旅游网发展在线旅游"唯品会"模式，目前在在线度假领域市场份额排名第二，主要包括在线跟团游和在线自助游两种业务（其他业务主要包括门票、签证以及广告收入），2013 年交易规模约 30 亿元，其中以在线跟团游为主。

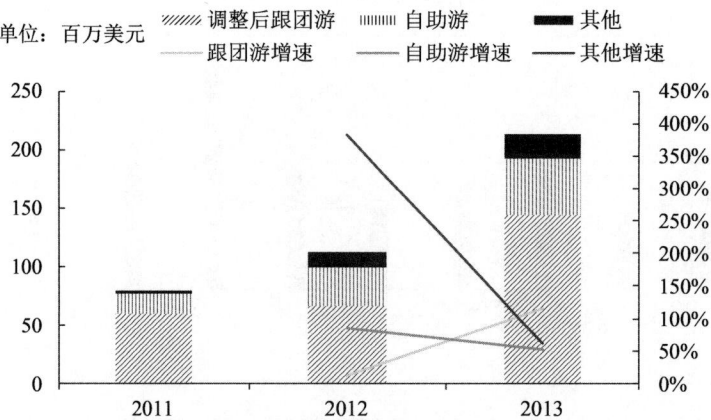

图 5-41　途牛旅游网各业务收入增长情况

资料来源：公司资料，国信证券经济研究所整理

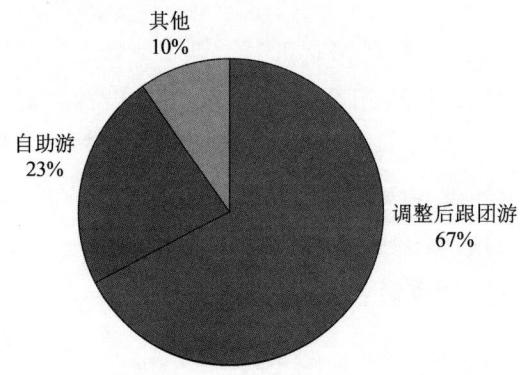

图 5-42　2013 年途牛旅游网各产品分布情况

资料来源：公司资料，国信证券经济研究所整理

2. 发展概况

（1）从组织形式看，途牛依靠筛选旅行社线路，以旅行社的线上销售平台为主，以网站和呼叫中心的方式销售旅游线路，主打跟团游产品。随着品牌影响力的逐步提升，途牛采取 OEM（贴牌）的方式向上游定制和采购产品。2013年，跟团游收入增速高达 116%，带来的收益占比达 67%（剔除成本后）。2013 年，途牛在国内在线跟团游市场的份额达 17.60%，处于龙头地位（图 5-43）。

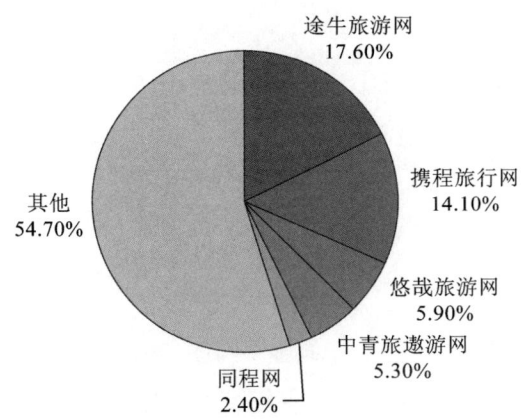

图 5-43　2013 年在线跟团游市场份额分布情况

资料来源：艾瑞网，国信证券经济研究所整理

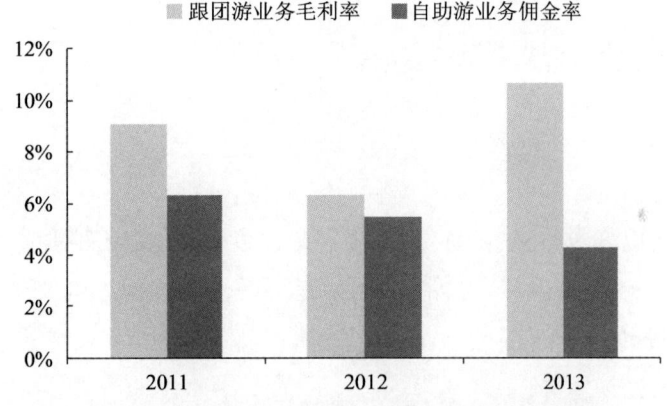

图 5-44　途牛跟团游和自助游毛利率或佣金率

资料来源：公司资料，国信证券经济研究所整理

（2）从目的地看，途牛的度假业务中，跟团游以出境游为主，占比达 60%～70%；自助游也多倾向于东南亚等海岛游。途牛的一线城市的客户占比约 50%，二线城市的占比达 40%～50%。

115

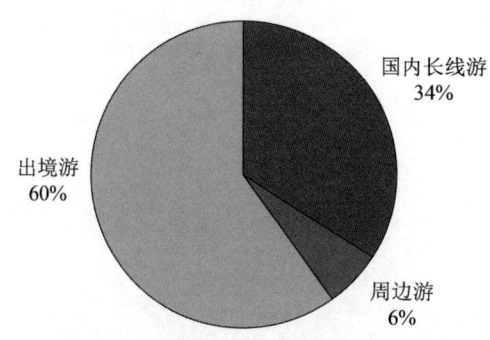

图5-45 途牛旅游网业务构成（按目的地分布）

资料来源：艾瑞网，公司资料，国信证券经济研究所整理

（3）从未来发展看，2014年以来，途牛开始发展旅游的尾货模式，在携程入股之后，公司与携程共同发展市场，一是可以在酒店导入方面与携程强化合作；二是可以共同控制上游资源；三是代销携程的度假产品，提供销售平台。（来源：增光，钟潇．国信证券）

（四）同程网

1. 业务内容

目前同程网以8.9%的市场份额，在在线度假领域位列第三。参考劲旅网的统计口径，同程网作为一个综合型的OTA平台，2013年机票销售领域排名第二（未考虑去哪儿网平台的收入），酒店销售排名第五（未考虑去哪儿网平台的收入），综合实力尚可。

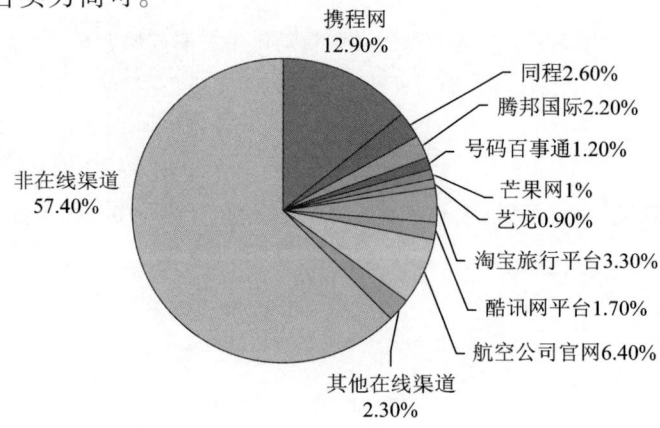

图5-46 2013年国内机票市场竞争格局

资料来源：劲旅网，国信证券经济研究所整理

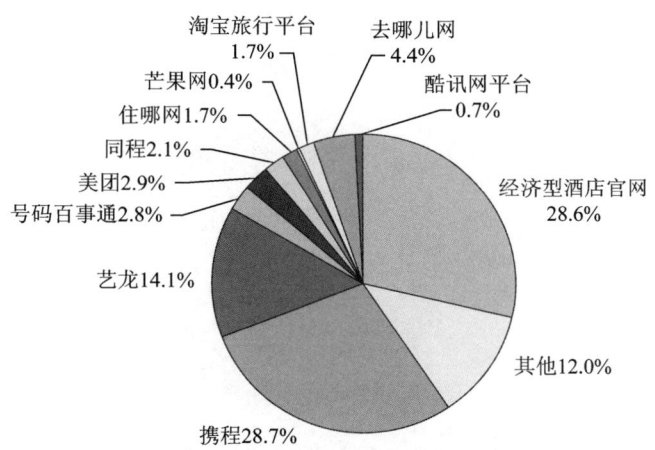

图 5-47 2013 年国内机票市场竞争格局

资料来源：劲旅网，国信证券经济研究所整理

2. 发展概况

（1）从组织形式看，同程也是综合型的 OTA，其度假业务也以自助游为主，占比接近九成，仍然呈现快速增长态势。2013 年，自助游交易额增长达到 40% 左右。

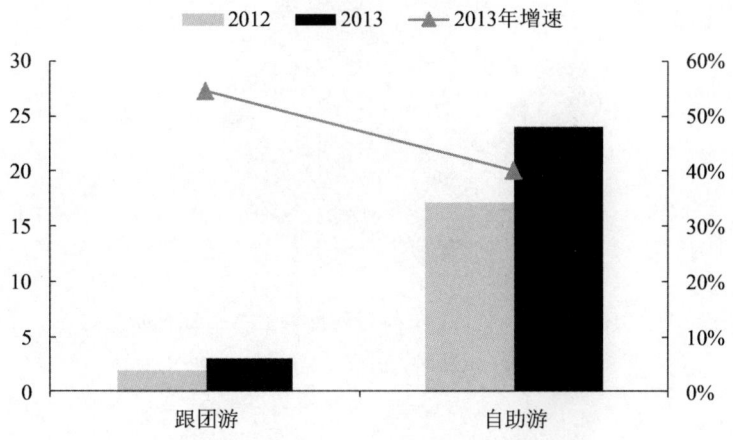

图 5-48 2013 年同程网业务增速情况

资料来源：艾瑞网，国信证券经济研究所整理

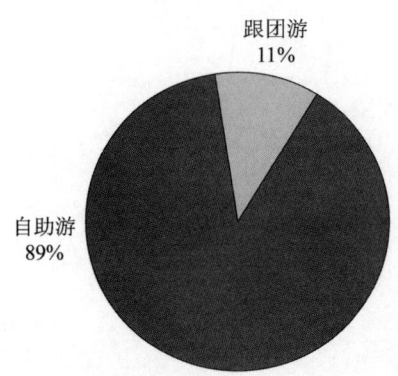

图 5-49　2013 年同程网自助游业务占比情况

资料来源：艾瑞网，国信证券经济研究所整理

（2）从目的地看，同程的度假业务中，以周边游为主，2013 年周边游的交易额占比 74%，在周边游市场中排名第一，增长 60%~70%（图 5-50），明显高于国内长途游和出境游。目前，出境游产品占比约 15%，增长 30%。

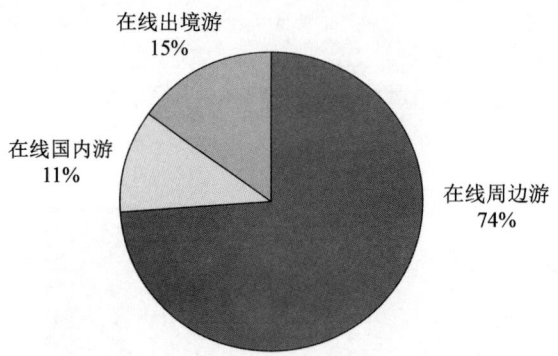

图 5-50　2013 年同程网度假业务占比情况

资料来源：艾瑞网，国信证券经济研究所整理

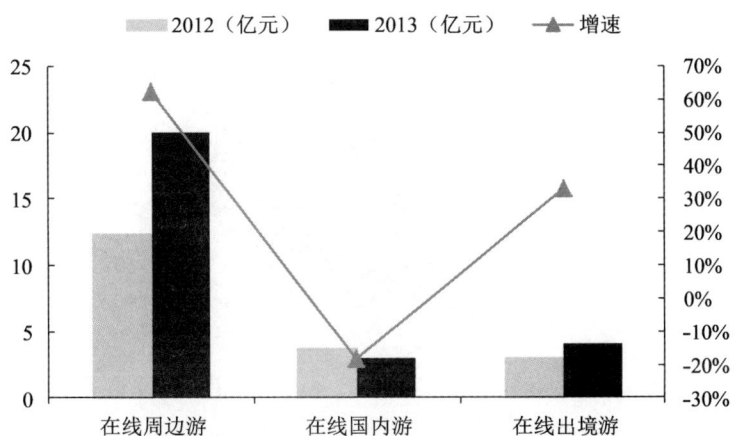

图 5-51 2013 年同程网按目的地的交易规模和增长情况

资料来源：艾瑞网，国信证券经济研究所整理

（3）从未来发展看，在携程入股同程时曾表示支持同程独立 IPO（公开募股）。公司也曾表示拟在两年内重启 IPO。（来源：增光，钟潇. 国信证券）

（五）中青旅遨游网

1. 业务内容

遨游网有强大的线下旅行社资源做支撑，2013 年，公司 70% 的产品来自中青旅自身。

2. 发展概况

（1）从组织形式看，2013 年，遨游网的自由行产品占比 50%，占在线自助游市场份额的 3.6%，排名第四。

（2）从目的地看，遨游网近几年重点发展出境游。2013 年，中青旅遨游网 2013 年营收 10 个亿左右，其中出境游收入占比 70%~80%。2013 年中青旅遨游网占在线出境游市场份额的 7.7%，排名第三。

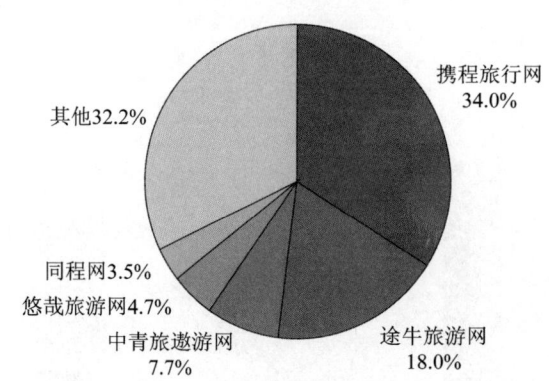

图 5-52　2013 年遨游网在在线出境游市场占比情况

资料来源：艾瑞网，国信证券经济研究所整理

（3）从未来发展看，2014 年，遨游网凭借中青旅的资金支持（再融资中获得了 3 亿元的资金支撑），积极推动全国化、平台化、移动化。在全国化方面，在公司已有分子公司布局的城市（主要包括北京、上海出发的产品）；在平台化方面，目前机票产品已上线，门票和签证未来也会上线；在移动化方面，目前公司无线端订单占比已达 10%。（来源：增光，钟潇．国信证券）

（六）驴妈妈旅游网

1. 业务内容

驴妈妈旅游网主要立足于自助游，在发展中以景区门票作为重要的切入点。并且，在切入景区营销时，公司并不单纯地洽谈门票销售的返佣，而是包括了营销推广、节庆活动等方案，从而强化了驴妈妈与上游景区供应商的合作关系。因此，驴妈妈在景区营销中尤其注重与重点景区的关系维护。

2. 发展概况

一是公司目前开发的"二维码订单"和"E 景通"已经成为与景区后天对接的重要方案，既实现在线支付，也可以实时监测到进园、出园人次。从图 5-53 也可以看出，在其拥有的景区资源中，驴妈妈拥有的仅支持预付的景区预定资源最高。二是目前去哪儿的门票业务主要由驴妈妈提供，公司与去哪儿网共同发展市场，去哪儿网可以凭借驴妈妈的门票资源较好地弥补自己的业务不足，驴妈妈则可以较好地依托去哪儿网这个平台扩大规模。三是驴妈妈还尝试进一步延伸旅游度假的产品线，推出邮轮产品和帐篷客度假产品。（来源：增光，钟潇．国信证券）

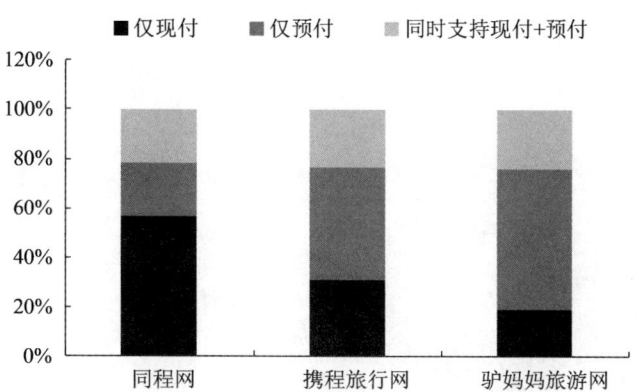

图 5-53　景区门票在在线旅行社预订支付方式

资料来源：艾瑞网，国信证券经济研究所整理

(七) 欣欣旅游网

厦门欣欣信息有限公司主要通过互联网技术帮助传统旅游企业实现在线化，其旗下运营两大平台：欣欣旅游网（B2C 平台）和欣旅通（B2B 平台）。

欣欣旅游网主要是为旅行社提供销售产品的平台，其运营模式为：将旅行社的线路资质收集整理到线上（由旅行社上传）——提供线路——消费者预订缴费——旅行社获得顾客——旅行社购买服务。欣旅通则是公司为顺应旅游 B2B 需求正旺的发展趋势推出的，欣旅通供销平台中拥有 56 923 家旅行社，旅游同行 90 545 位，同行询价 130 584 家。（来源：曾光，钟潇. 国信证券）

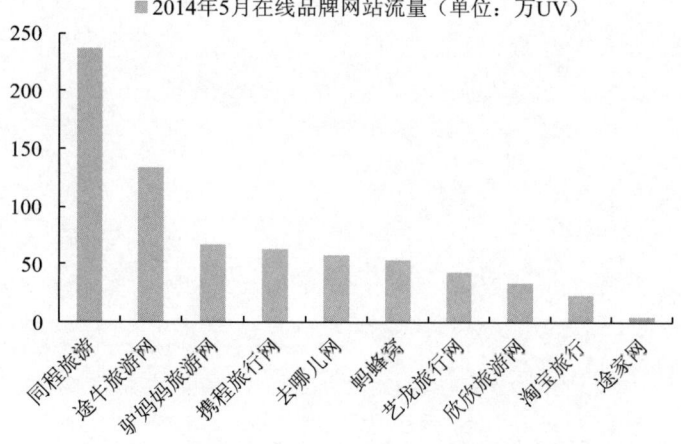

图 5-54　截至 2014 年 5 月在线旅游网站流量排名

资料来源：CNIT-Research，国信证券经济研究所整理

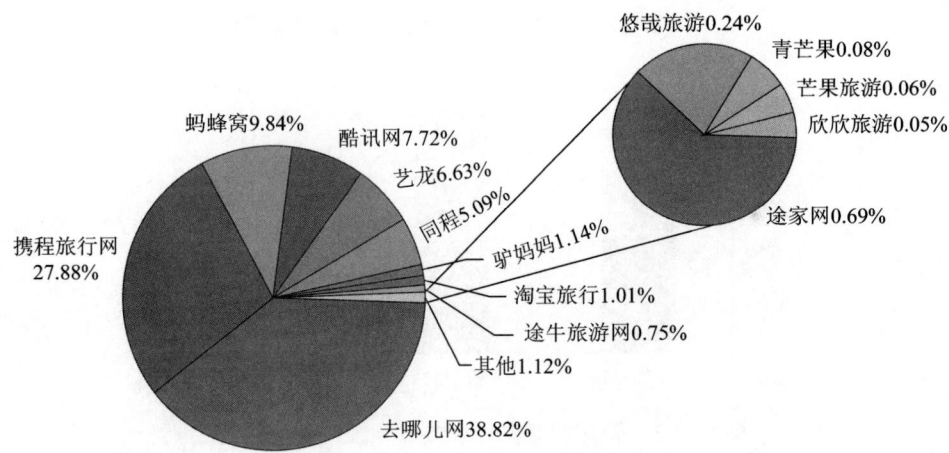

图 5-55 各在线旅行社 APP（应用）市场份额（按下载量排序）

资料来源：中国软件资讯网，国信证券经济研究所整理

第六章
旅行服务业的资本及技术驱动

一、旅行服务业投融资蓬勃发展

自 2006 年以来,旅游行业经历了互联网化和移动互联网化两大浪潮。新的技术浪潮推动着旅游行业的快速迭代更新,竞争形势急剧变化。在动态的环境中,创新性企业紧抓技术浪潮,实现了对原有商业模式的更新、改进与替代,从而成为行业的领跑者与资本的新宠儿。商业模式作为企业创造营收与利润的手段和方法,不但是企业的竞争优势及核心竞争力,直接决定着整个企业的价值、盈利能力与行业地位,还可以颠覆传统的盈利模式及发展模式,成为引领行业发展方向的决定性因素。在企业不同生命周期与发展阶段,天使投资、风险投资及战略投资在不同程度上逐步成为商业模式创新及建构的重要推手,也形成了全新的经营逻辑及发展路径,为新经济发展及传统产业升级提供了一定的经验借鉴。

天使投资是一种私人的直接权益型投资,指有一定资本的个人或团体,对有发展潜力的初创期的企业进行权益性资本投资,或者直接参与并协助那些虽然具有专门技术或独特概念,但是自身缺少资金的创业者发展他们的公司,天使投资与创业者一起承担创业中的高风险和享受创业成功后的高收益,以实现资本的增值,往往是新兴企业容易获得的第一笔投资。[①] 现在,天使投资被定义为:对有巨大发展潜力的新兴的产业或者新兴公司进行早期投资,以期获得高额的利润回报,并伴随着巨额投资风险的一种很典型的商业投资模式。如果说天使投资作为点燃创业的引擎,帮助创业公司实现了从无到有;那么接下来,风险投资将作为加速创业的倍增器,帮助创业企业由小变大。而实际上,风险投资正是通过以资金为核心的系统支持加速了商业模式的创新、建构及修正。天使投资是风险投资的一种特殊形式。相对来说,风险投资提供的资金总量一般都比较大,而天使投资提供的投资金额则相对较小,这是由两者的基本属性

---

① 徐达.天使投资模式研究——以活跃网络为例 [D]. 陕西师范大学,2013 (6).

决定的。风险投资的资金大都来自大财团或者资金充裕的大公司等机构投资者,它们持有的资金量很大,而天使投资一般以个人为主要的单位,资金量也大都来自个人,所以相对较小。就退出机制来说,天使投资以转让股权为主,以IPO(公开募股)为辅,风险投资则以IPO为主,以股权转让为辅。一般认为,战略投资指依附于某个行业,以提升某个产业、培育产业的领头企业为目的,或者以进军某个产业并占据重要地位等为目的的投资。战略投资者具有一定的资金、技术、管理、市场、人才优势,能够帮助公司融资,提供营销与销售支持,促进产业结构升级,增强企业核心竞争力和创新能力,拓展企业产品市场占有率,致力于长期投资合作,一般是谋求获得长期利益回报和企业可持续发展的境内外大企业、大集团、投资机构或产业组织者。战略投资在投资阶段、资金性质、投资目标、介入方式、认可度等方面与风险投资具有明显的区别,这也从根本上决定着战略投资在商业模式创新机制构建过程中的独特作用。在投资阶段上,风险投资更多地集中在企业扩张期,兼顾成长期,而战略投资更多的集中在企业成长期,兼顾扩张期;在资金性质上,风险投资主要为财务性投资(向一个项目或是公司注入资金以实现入股或控股),而战略投资则是一种战略性投资(向一个项目或公司注入资金并促进公司内部管理机制、经营机制的转变);在投资目标上,风险投资追求股权价值最大化,而战略投资更侧重于行业的控制力及影响力、企业的投资价值;在介入方式上,风险投资着眼于近期的经营目标,主要为创业企业提供建议、要求、行使否决权,而战略投资者作为发行人股票的长期持有者,与发行人签订有关协议,承诺向其提供一定的业务支持;在认可度上,获得风险投资的青睐,更多地意味着企业价值得到专业机构的认可,而获得战略投资的投资,则更多地意味着得到业内人士、行业领导者的认可。随着新兴经济的发展及传统产业升级的推进,国内外企业积极引入战略投资,无论在新兴产业领域抑或传统产业领域,都出现了大量投资案例,为战略投资者、被投资者的商业模式创新提供了新的路径与杠杆,甚至培育出一批更具有爆发力、控制力、破坏力的商业模式。[①]

  从消费角度看,旅游业是需求收入弹性较高的产业。随着经济的发展和居民收入的增长,旅游已逐渐成为中国居民的消费热点,旅游业也成为国民经济

---

① 徐苏涛. 天使投资、风险投资、战略投资之于商业模式创新 [J]. 新材料产业,2011(6).

的新增长点和支柱产业。① 中国旅游业的发展维持高景气度，2011年全球在线旅游服务市场规模为2840亿美元，占全球旅游市场31%的份额。从2009年开始，每年保持10%以上的增长势头，预计到2015年在线旅游市场的交易将成为全球电子商务交易最大的产业之一。毫无疑问，具有广阔前景和高回报空间的在线旅游行业越来越受到资本的青睐。

从2006年开始直到2014年9月投资事件共计215起（表6-1），随着移动互联网浪潮的兴起，2011年之后的在线旅游投资案例呈突飞猛进增长，2011年至2014年9月，融资事件分别为16、23、68、85起，投资金额也在成倍增长，2014年1月到9月的总投资额已近120亿。具体投资事件见表6-2。②

表6-1　2006年至2014年9月30日国内在线旅游行业投资事件次数和金额

时间	投资事件次数	融资金额
2014年1~9月	85	近120亿元人民币
2013	68	约50亿元人民币
2012	23	约20亿元人民币
2011	16	约60亿元人民币
2010	13	约14亿元人民币
2009	5	1800万美元
2008	3	1200万美元
2007	1	1000万美元
2006	1	200万美元

表6-2　2013年至2014年9月30日国内在线旅游行业重要投资事件

公司	融资时间	投资方	轮次	金额	类型
小猪短租	2013.01	晨星创投	A	近千万美元	短租
蚂蚁短租	2013.01	优点资本	A	近千万美元	短租
蚂蜂窝	2013.04	启明创投	B	1500万美元	攻略/论坛/SNS

---

① 胡浩. 中国旅游业投融资机制研究［J］. 社会科学家，2005（1）.
② 李刚强. 在线旅游投资研究［N］. 2014（10）.

续表

公司	融资时间	投资方	轮次	金额	类型
神州租车	2013.04	赫兹	—	3亿美元	租车
中国国旅	2013.07	复星集团	—	5.12亿美元	旅行社
莫泰酒店	2013.07	如家	—	2000万美元	酒店
八爪鱼	2013.11	嘉御基金/软银中国	A	1.5亿元人民币	B2B
快捷酒店管家	2013.12	经纬创投	C	1500万美元	酒店OTA（在线服务）
世界邦	2013.12	复星昆仲资本、ChinaRock	A	千万美元	P2P
易到用车	2013.12	携程、DCM、宽带	C	6000万美元	租车
佰程	2014.01	阿里巴巴	B轮	1500万美元	境外游
众信旅游	2014.01	—	IPO	1.5亿元人民币	旅行社
同程	2014.02	腾讯	投资	5亿元人民币	度假
佰程	2014.03	阿里巴巴、宽带资本	B轮	2000万美元	境外游
同程	2014.04	携程	投资	2.2亿美元	度假
在路上	2014.04	软银中国	B轮	2000万美元	攻略/论坛/SNS
冰点酒店控	2014.04	—	B轮	2000万美元	酒店OTA
途家	2014.06	纪源资本、光速安振、鼎晖投资、启明创投、宽带资本、携程网、HomeAway	C轮	1亿美元	短租
小猪短租	2014.06	君联资本、晨兴创投	B轮	1500万美元	短租
携程	2014.08	Priceline	收购	5亿美元	综合服务商
石基信息	2014.09	阿里	收购	28.1亿元人民币	酒店信息化
我趣旅行网	2014.09	腾讯	B轮	2000万美元	境外游
华远国旅	2014.09	携程	收购	20亿元人民币	旅行社
竹园旅行	2014.09	众信旅游	收购	6.3亿元人民币	旅行社

二、投融资特征和趋势分析

(一) 投融资特征[①]

2013年中国旅游投资快速增长,据不完全统计,全年全国旅游直接投资达5144亿元,增长26.6%,旅游大项目明显增加,投资100亿元以上的项目达127个。随着在线旅游消费需求的快速增长,巨大的旅游电子商务市场潜力催生了一轮又一轮的在线旅游投资热潮。近几年来,国内出现了不少新生的在线旅游营运商企业;同时,不甘被在线旅游"革了命"的传统线下旅行社也都开始积极投身线上,开展自身的电子商务,进行在线旅游预订服务。

在线旅游投资领域的分布表现为:度假融资次数最多,攻略、酒店OTA火热,境外游、周边游保持平稳增长。总体表现出如下特点:

(1) 方向上,市场更趋向于细分领域,如周边游、景点、精品酒店、酒店会议室等,对市场切分的颗粒度更细;

(2) 并购案例增加,出现很多买公司,甚至买团队、买资产的现象,如邮轮海、今夜酒店特价、山水旅行社、途客圈等;

(3) 线上企业向线下延伸:如携程与途风、面包旅行与山水旅行社等的结合,旅游行业对资源的把控重视程度更高;

(4) 产业投资增加:除BAT(百度、腾讯、阿里巴巴)外,旅游行业的公司也更积极地介入了投资,如途风、绿野、今夜酒店特价、同程、山水旅行社、途客圈、住哲等都是由产业投资者主导投资,这其中不乏已经上市的公司,也不乏还未上市的公司,如世界邦收购途客圈,面包收购山水旅行社等。

(二) 风险投资人与战略投资人

纵观2014年上半年的在线旅游投资事件,不同生命周期和发展阶段的投资人选择战略投资抑或风险投资。在中国的很多投资项目是在互联网领域,互联网的中国网民数量一直在大幅增加,2013年超过了美国。随着这样的趋势,从投资回报率的角度看,有限合伙人的资本当然会选择以风险投资的方式流向在线旅游市场。而有些投资人选择战略投资,借助战略投资打通行业企业产权的

[①] 李刚强. 在线旅游投资研究 [N]. 2014 (10).

结构关系，进行产业整合，不但提升了所投企业对资本、技术、市场的驾驭及掌控能力，还利用战略投资附带的技术融合、品牌价值提升、市场渠道交融、战略空间拓宽、社会关系网络扩散等因素，使所投企业在更深更广的范围内展开新一轮的商业模式创新。

战略性投资是指对企业未来产生长期影响的资本支出，具有规模大、周期长、基于企业发展的长期目标、分阶段等特征，战略性投资是影响企业前途和命运的投资，旨在通过股权上的关系实现战略目的或者更好的交易。

风险投资指具有高风险、高潜在收益的投资，投资的企业通常是迅速成长期，正在经历迅速发展的过程，不一定实现盈利。

三、移动互联网技术的革命性影响

根据尼尔森（Nielsen）发布的《2013 移动消费者报告》，2013 年，中国智能手机普及率已达 66%，超越美国（53%）和英国（61%），仅居于韩国（67%）之后。

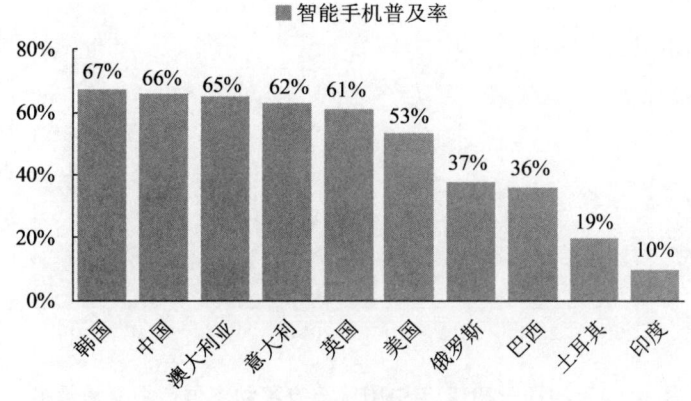

图 6-1 全球智能手机普及率

资料来源：Nielsen，国信证券经济研究所整理

2013 年移动支付金额高达 9.64 万亿元，同比增长 317.56%。其中 2013 年中国第三方移动支付市场交易规模达 12 197.4 亿元，同比增速 707.0%，艾瑞网预计 2017 年第三方移动支付交易规模将突破十万亿元。

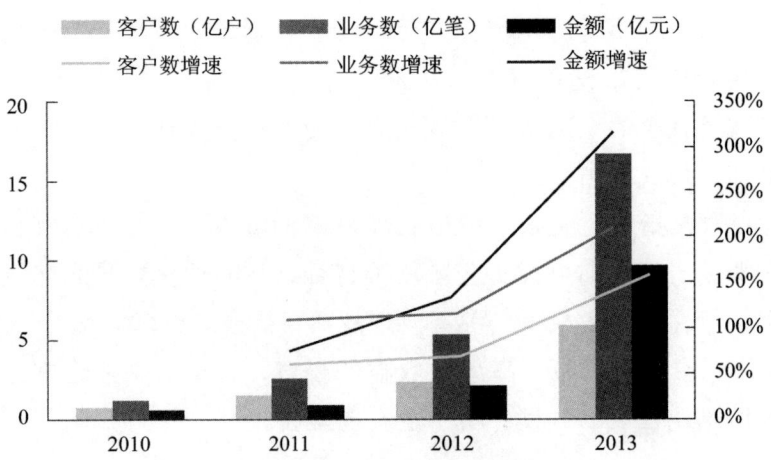

图 6-2　2013 年移动支付金额情况

注：2013 年移动支付客户数为估算数

资料来源：中国支付体系发展报告，国信证券经济研究所整理

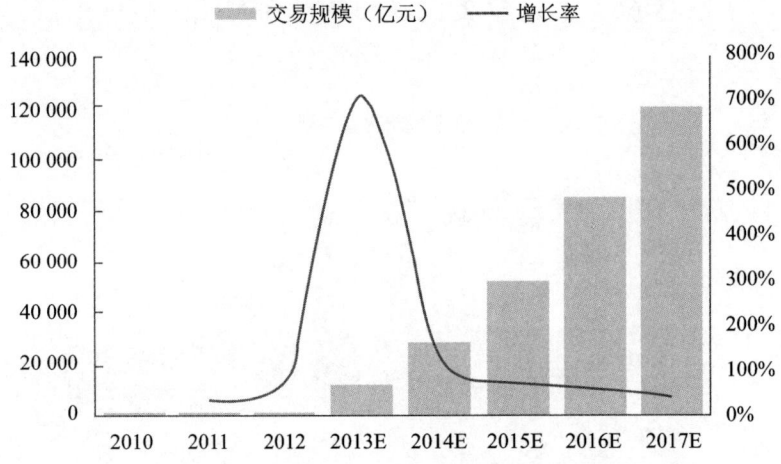

图 6-3　2010—2017 年中国第三方移动支付市场交易规模

资料来源：艾瑞网，国信证券经济研究所整理

2013 年 10 月，CNIT-Research 对国内在线旅游市场无线客户端的市场占有率调查统计，去哪儿网以 38.86% 的市场占有率位居第一，携程以 27.75% 的占有率位居第二，蚂蜂窝以 9.87% 的占有率位居第三。酷讯、艺龙、同程网、驴妈妈市场占有率分别为 7.65%、7.14%、4.76%、1.24%。

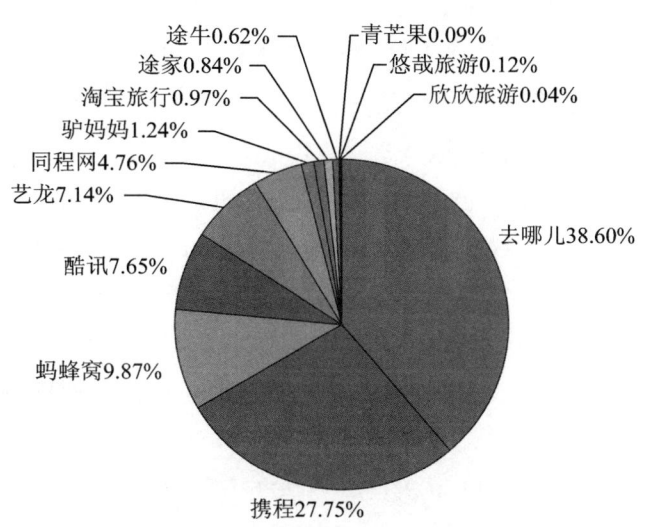

图 6–4　2013 年 10 月在线旅行社企业移动端市场份额情况

资料来源：CNIT – Research. 中国软件资讯网，国信证券经济研究所整理

移动通信技术将对现有的旅游在线业务模式形成巨大的冲击，旅行者通过手机随时随地浏览和预订旅行产品，使体验过程更加轻松。互联网的迅速普及，加速了移动互联网的快速发展，这给无线旅游业的发展带来了无限生机与商机。各种旅游资源与信息技术紧密结合，尤其是与移动互联网相关技术的结合，创造出新的产品形态、新的生产方式和新的消费模式，成为带动科技创新和旅游创意的动力，加速了产业融合的进程，创造出巨大的经济和社会价值。

（1）移动互联网为旅游信息的发布提供了便利。利用移动互联网或无线客户终端设备可以使游客更加快捷、便利地获知相关的旅游信息。更有意义的是移动互联网快速发展使受众媒体接收行为习惯发生变化，移动化、位置化、个性化、自服务成为用户消费需求新趋势。佳驰软件酒店自助开房系统是佳驰软件结合多年的酒店管理系统研发与市场经验，紧跟旅游市场潮流，捕捉未来趋势推出的最新科技产品，它是一种实现酒店客人自助入住、无停留自助退房和会员卡房卡一卡通的新型自助管理系统，有效实现了游客在入住酒店时的自服务。

（2）移动互联网为旅游者提供了基于位置的服务。通过对移动终端的定位，运营商可以为旅游者提供基于位置的服务（LBS），如导航服务为旅游者和外地车辆提供基于地图的导航；当旅游者在城市观光游览时，为其提供到达目的地的最佳路径选择；还有基于位置的信息发布和基于位置的各种旅游产品（如餐厅、KTV、景点等）的推荐服务。通过基于位置的服务，还可以为旅游者提供旅游交友平台和安全救援服务。

（3）移动互联网为旅游企业的转型提供了机遇。日益增多的智能手机使用率与占有量昭示着整个无线旅游业市场的发展潜力。旅游企业从传统的有线网络网站预订纷纷涉足移动互联网，全球酒店业也寄希望通过移动营销来增加客源，为用户提供更加移动化、自主化、互动化、实时化的服务已经是大势所趋。目前，许多传统旅游企业或是互联网公司都陆续进军无线旅游业，并率先发布各具特色的手机客户端软件，抢占无线旅游业务的制高点。以携程无线客户端为例，其下载量已经突破500万次，其巨大的用户群与下载量为其业务的拓展转型提供了机遇。

（4）移动互联网为旅游产品的交易提供了平台。由于传统旅游业务受时间、空间等因素的制约，消费者对旅游产品的预订与支付往往大费周折。随着移动互联网的快速发展，无线旅游的出现使得消费者可以在智能手机上利用APP（应用）客户终端直接查询和在线支付旅游产品，解决旅游交易因时间和空间限制而产生的诸多不便，新的"拇指时代"已悄然而来。①

四、旅游创新技术的应用百花齐放

（一）基于位置服务（LBS）

作为地理信息服务产业发展重点的LBS（基于位置的服务），在旅游信息化建设中有着举足轻重的作用，是智慧旅游的核心要素。

实时更新的详细交通数据以及云计算环境下手机三维地图的运用，使得旅游者能够非常准确而又轻松地选择适合的旅游路线；并且无论是团队旅游，还是自助自驾旅游，位置感知对交通、天气等情况的准确提供，都可以帮助其优化驾驶路线，从而实现最小化交通堵塞，最大化交通流量，并可以获得对所设定行进路线的特定交通警示，即便旅游者不熟悉道路分布和路边标志物，也能快捷准确地到达目的地。

---

① 马卫，李俊楼．移动互联网时代旅游业发展趋势分析与思考［J］．现代服务业，2013（5）．

地理定位感测和强大的地理信息数据库可以根据旅游者的位置主动向其发送周边近距离范围内的所有旅游信息，包括交通（含停车）、餐饮、住宿、娱乐、购物、景点、旅游咨询等。根据旅游者的选择要求，可以对各类信息实体进行区分比较和优选推荐，并提供具体的距离信息和导航路线，通过手机支付平台还可以实现在线预订和支付功能，使得旅游者的选择随心所欲。另外，通过智能手机和二维条形码，旅游者可以了解所购商品的身份信息，如制造地点、运送里程、制造商的信誉、化学成分、碳足迹等，从而帮助旅游者进行选择判断。[①]

2013年4月，获得千万美金A轮融资的国内领先在线短租预订平台小猪短租网，联合百度LBS开放平台对外宣布双方达成合作伙伴关系。据了解，双方合作后，小猪短租网将依托百度LBS开放平台的位置数据存储和计算能力，解决日益增长的业务计算需求，用户基于位置的短租检索体验也会更加优化。同时，小猪短租网也将为百度LBS开发者提供更为精准、优质、可靠的短租数据，实现资源共享。事实上，谷歌、苹果、微软、百度等巨头都铆足了劲在LBS领域中展开竞争。出云咨询互联网行业分析师白东益认为，随着GPS硬件模块逐渐成为智能手机的标配，结合网络的AGPRS模式开始大行其道并衍生出许多新的用户。而巨头们发现，每一个地图应用都是一个全新的移动互联网入口，手机用户除了开始通过地图看全世界，也在通过地图看移动互联网。

（二）IBEACON

iBeacon是苹果公司2013年9月发布的移动设备iOS（iOS7）上配备的新功能。其工作方式是，配备有低功耗蓝牙（BLE）通信功能的设备使用BLE技术向周围发送自己特有的ID（身份识别号码），接收到该ID的应用软件会根据该ID采取一些行动。比如，在店铺里设置iBeacon通信模块的话，便可让iPhone和iPad上运行一种资讯告知服务器，或者由服务器向顾客发送折扣券及进店积分。此外，还可以在家电发生故障或停止工作时使用iBeacon向应用软件发送资讯。

iBeacon的主要优点包括：①功耗低，也就是省电，具有终端的可行性；②相对于GPS定位来说，iBeacon有着不可比拟的精确性，在每个景观点都可以

---

① 陈兴，史先琳. 基于LBS的旅游位置服务思考［J］. 旅游发展与研究，2013（4）.

安装一个小型iBeacon通信模块，它甚至可以设置距离在1米内还是1米外发送资讯。

万豪酒店和易捷航空开始通过iBeacon技术对旅行者的位置进行电子追踪，从而向他们发送相关的通知消息。旅行者在酒店或机场内的位置可以通过苹果设备的iBeacon信号来被定位。这项新技术能够让iOS设备在使用者到达或离开iBeacon信号覆盖区域时向APP发送提醒。行业机构国际航空电讯集团（SITA）今年已经在10家机场部署了iBeacon技术，其中美国航空是其在达拉斯国际机场的合作伙伴。

（三）软件在线服务（SaaS）

SaaS是一种基于互联网提供软件服务的应用模式。它为企业信息化提供所需要的所有网络基础设施及软件、硬件运作平台，并负责所有前期的实施、后期的维护等一系列服务。"在信息化日新月异的今天，SaaS作为一种新型商业模式，适合那些需要以最少IT投入获得最大商业价值的企业。"八百客首席应用专家高少义解释道，"SaaS的使用解决了IT资本投入大产出小，中小型企业望而却步的现状，有些企业，如旅游业，他们的资本投入小，但是数据存储量却很大。比如，有些客户会在每年固定的时间出游，而相关负责人很可能已经离职或者出现记录失误，这个小小的疏忽就可能丢掉一个长期的客户。SaaS的CRM（客户关系管理）系统可以统一管理客户信息，及时更新数据，而且客户的相关信息，例如出游时间、出游人数、喜好的地方或者环境等都可以被准确记录，公司一旦有相关的新产品推出，系统就会自动搜索、分析并能够及时提醒相关负责人。"SaaS的应用能够解决旅游业存在的关键性问题，而与国外相比，国内的SaaS产品价格便宜，比如八百客、xtools每月大约只需几十元，避免了传统套装软件投入大、升级困难、模块繁杂浪费的状况，而且八百客的产品还采用量身定做、按需付费的原则，提高了使用率和合理性。

2014年5月，去哪儿网宣布已于15日下架携程与同程网未接入SaaS系统，且与其他供应商存在重复的门票资源，据分析推测，此次事件是去哪儿为进一步推进其SaaS系统的举措。而在8月份，专注酒店在线分销技术服务，为酒店供应商和分销商提供互联网电商化解决方案的天下房仓研发团队在继OTA系统SaaS、去哪儿TTS接口SaaS等系列产品之后，近日正式发布淘宝酒店2.0对接SaaS。通过SaaS，酒店供应商及分销商将可以实现从酒店产品库存管理－淘宝渠道上架到淘宝订单处理等全流程的技术打通与流程的自动化。房仓也真正意义上成为国内首家成功实现淘宝酒店 2.0 批量接入的在线分销技术服务商。

（四）百度直达号

2014 年 9 月 3 日，百度世界大会在北京中国大饭店举行，百度在大会上宣布推出直达号，为传统服务行业向移动互联网转型提供解决方案，直达号于 2014 年 9 月 3 日同步上线，初期将采取邀请制，将于年内全面开放申请。

直达号是商家在百度移动平台的官方服务账号。用户在百度搜索中以 @ 账号搜索，或是通过百度地图和发现等入口，都可以随时随地直达商家服务页面，而且能下单支付，这一模式缩短了路径，提高搜索效率，让传统服务业有效直达客户。同时，直达号还引入了 CRM（客户关系管理）系统，商家可以实时在线、及时响应售前咨询和售后服务，并通过大数据获得关于用户属性的深度分析，加上正在推进的百度钱包，直达号可以实现移动端的下单、支付、评价全流程闭环体验。

搜狐快站与直达号达成战略合作，搜狐快站通过平台简单拖拽的建站方式和丰富的功能组件，为企业提供了一站式移动建站解决方案，有效降低了企业移动化门槛，目前平台已有 9 万多用户，直达号是一个强大便捷和个性化的入口，有效实现网民和企业的强"链接"。目前双方的合作已初见成效，相信接下来双方将帮助更多的传统商户抓住移动互联网的新机遇，实现转型。至 2014 年 9 月，搜狐快站已有 1 万余家企业移动网站正式接入百度直达号，成为国内首家批量接入百度直达号的移动建站平台。即日起，用户只需通过手机百度或移动搜索"@ 站点名称"，即可直达各个在快站平台搭建的移动网站。

（五）微信支付应用

微信支付是由腾讯公司知名移动社交通信软件微信及第三方支付平台财付通联合推出的移动支付创新产品，旨在为广大微信用户及商户提供更优质的支付服务。用户只需在微信中关联一张银行卡，并完成身份认证，即可将装有微信 APP 的智能手机变成一个全能钱包，之后即可购买合作商户的商品及服务，用户在支付时只需在自己的智能手机上输入密码，无须任何刷卡步骤即可完成支付，整个过程简便流畅。米途团队推出了一个基于微信的产品"微客栈"——微客栈是一个为客栈而制作的 h5 页面（使用了 html5 技术的静态页），上面包含了该客栈的简单介绍、房态以及价格信息,用户可以通过扫描二维码进入这个页面,从而了解一家客栈并且预订房间。当用户住店后,客栈老板还可以提供一些优惠券,刺激用户将自家店的微客栈页面分享到朋友圈,以提高门店的传播力度和预订量。

第七章
政策法规动态及展望

2014年是《旅游法》正式实施的第一个年头，国务院进一步深化旅游业改革开放，整个行业在这样的形势下时时面临新问题和新情况。在这一年中，国家旅游局及各级旅游主管部门也同时采取多种方式贯彻落实《旅游法》，积极配合国务院及相关部门的改革措施，相应出台了大量的部门规章和规范性文件。从政策层面来看，旅行社管理人员需要紧盯政策的变化，适时调整企业的经营管理方式方法，切实的依法经营、诚信经营，并有效收获改革红利。

一、旅行社注册资金由实缴制改为认缴制

2014年2月，为推进工商登记制度便利化，深入贯彻党的十八大和十八届二中、三中全会精神，在新形势下全面深化改革，加快政府职能转变、创新政府监管方式、建立公平公开的市场规则、保障创业创新，国务院批准了《注册资本登记制度改革方案》，宣布实行注册资本认缴登记制并放宽注册资本登记条件。其中有以下规定：

（1）公司股东认缴的出资总额或者发起人认购的股本总额（即公司注册资本）应当在工商行政管理机关登记。公司股东（发起人）应当对其认缴出资额、出资方式、出资期限等自主约定，并记载于公司章程。有限责任公司的股东以其认缴的出资额为限对公司承担责任，股份有限公司的股东以其认购的股份为限对公司承担责任。公司应当将股东认缴出资额或者发起人认购股份、出资方式、出资期限、缴纳情况通过市场主体信用信息公示系统向社会公示。公司股东（发起人）对缴纳出资情况的真实性、合法性负责。

（2）除法律、行政法规以及国务院决定对特定行业注册资本最低限额另有规定外，取消有限责任公司最低注册资本3万元、一人有限责任公司最低注册资本10万元、股份有限公司最低注册资本500万元的限制。不再限制公司设立时全体股东（发起人）的首次出资比例，不再限制公司全体股东（发起人）的货币出资金额占注册资本的比例，不再规定公司股东（发起人）缴足出资的期限。

（3）公司实收资本不再作为工商登记事项。公司登记时，无须提交验资报告。

（4）现行法律、行政法规以及国务院决定明确规定实行注册资本实缴登记制的银行业金融机构、证券公司、期货公司、基金管理公司、保险公司、保险专业代理机构和保险经纪人、直销企业、对外劳务合作企业、融资性担保公司、募集设立的股份有限公司，以及劳务派遣企业、典当行、保险资产管理公司、小额贷款公司实行注册资本认缴登记制的问题，另行研究决定。在法律、行政法规以及国务院决定未修改前，暂按现行规定执行。已经实行申报（认缴）出资登记的个人独资企业、合伙企业、农民专业合作社仍按现行规定执行。鼓励、引导、支持国有企业、集体企业等非公司制企业法人实施规范的公司制改革，实行注册资本认缴登记制。

这一改革举措，极大地调动了企业的积极性，降低了企业成立的门槛，尤其是对于原本门槛就低，且被市场看好的旅行社业来说，更是重大利好。根据《旅行社条例》第六条的规定，成立旅行社须有不少于30万的注册金。各地在审批新设立的旅行社企业时，根据《旅行社条例》的规定，要求旅行社出具拥有30万注册金的验资报告。企业不仅需要筹措30万人民币作为注册资金，还需要请银行和审计机构出具验资报告，往往因此耗费大量的人工成本和时间成本。根据新的工商改革方案，企业在前往旅游主管部门申请《旅行社经营许可证》时，无须再提交30万注册金的验资报告，从而加快了旅行社企业的成立过程，减少了企业在成立之初的投入。

虽然经过30年的改革开放，旅行社业得到了长足发展，但是旅行社企业"散、小、弱、差"的局面并未改变。为促进整个旅行社业的发展，国家旅游主管部门一方面出台各种扶持措施，意图提升大型旅游集团竞争力，打造中国的大型国际性旅行社企业；另一方面，为满足日益增长的旅游需求，为人民群众提供更多、更丰富的旅游产品，国家旅游局鼓励中小型企业走"精专"的道路，向区域性、专业性企业发展。旅行社业注册资本由实缴制改为认缴制，进一步放松了旅行社行业的准入管制，使得创业成本大幅降低，能够有效地促进市场主体的投资热情，鼓励更多人和企业加入到旅行社业中，为旅行社业实现充分竞争创造条件。大量微小旅行社企业的成立能够有效调动企业开发精专产品的积极性，带动就业，为整个行业带来活力和发展潜力。

然而对于在改革后如何加强行业监管，业内人士也有部分担忧。旅行社业虽然不像银行业、保险业一样关系到国家的金融安全，但服务对象是近14亿的民众和日益增多的入境游客。旅游是前往异地的活动，具有人身依附性，涉及吃、住、行、游、购、娱等环节，由于旅游者对环境陌生，甚至语言不通，旅游者对旅行社具有高度的依赖性。同时，由于旅游产品及服务具有无形性的特征，在对于旅游目的地相关信息的掌握程度上，旅游者与旅行社之间存在不对称，因此需要可以保证旅行社诚信的条件。再因为旅游服务是先付费后消费，当出现游客对旅游服务不满意时，游客讨回所交款项、维护自身权益的难度较大。因此，在工商登记改革将企业注册金由实缴改为认缴后，对于固定资产要求较低的旅行社，一旦发生赔付问题，旅行社资产即使全部变现也常常无法弥补旅游者的损失。而注册金认缴制度允许企业自行决定缴齐的时限，这就很有可能发生企业注册金有等于无的情况。对于如何解决企业不诚信经营带来的问题，旅游主管部门和行业人士都应认真调研，仔细研究提出对策。按照国务院发布的工商登记改革方案，除了加强事中事后监管外，还可建立企业诚信信息披露机制，企业一旦失信将给予严厉处罚并通过整个社会制约失信企业。国家旅游局及部分地方旅游主管部门已经着手开始建设旅行社企业诚信信息披露平台，试图通过社会监督方式加强对企业的监管。同时，行业协会也积极倡导旅行社企业诚信经营，提高服务质量、打造企业品牌。即便如此，全国各领域的非诚信环境，以及旅行社业目前低价竞争、无序竞争的现状，让人们对企业自觉自律、诚信经营的信心不足，即便不断采用披露企业诚信信息，加大处罚力度等各种手段，但要想建立一个完全诚信的旅行社经营环境也绝不是短时间内能够实现的。

二、一批行政审批项目的下放和取消

8月12日，国务院印发了《关于取消和调整一批行政审批项目等事项的决定》，宣布取消"边境旅游项目审批"，下放"外商投资旅行社业务许可"和"旅行社经营边境游资格审批"项目至省级人民政府旅游行政主管部门。此外，"旅行社经营出境旅游业务资格审批""外商投资旅行社业务许可""旅行社业务经营许可证核发"等项目由工商登记前审批改为后置审批，其中"旅行社经营出境旅游业务资格审批"由国家旅游局或者其委托的省级人民政府旅游行政主管部门实施，"外商投资旅行社业务许可"由省级人民政府旅游行政主管部门实施,"旅行社业务经营许可证核发"由省级人民政府旅游行政主管部门或者其委托的设区市级人民政府旅游行政主管部门实施。

(一)取消边境旅游项目审批

边境旅游在《边境旅游管理暂行办法》中的定义是"经批准的旅行社组织和接待我国及毗邻国家的公民,集体从指定的边境口岸出入境,在双方政府商定的区域和期限内进行的旅游活动",边境游项目审批始于1988年"丹东至朝鲜新义州一日游"线路的开通,根据1997年颁布实施的《边境旅游暂行管理办法》,边境旅游项目由旅游局牵头,联合外交、公安、海关,对地方申报的线路在出入境口岸、时间长短、旅游范围、使用证件等方面进行审批。截至2014年8月,共有边境旅游线路93条,涉及黑龙江、吉林、辽宁、内蒙古、广西、云南、海南、新疆等8个省(自治区),相关毗邻国家为俄罗斯、朝鲜、蒙古、哈萨克斯坦、越南、老挝、缅甸等7国。边境旅游的发展对促进边境地区经济社会发展起到了积极作用,有效提升了边境地区居民的收入和生活水平。为此,十八届三中全会通过的《中共中央关于全面深化改革若干重大问题的决定》明确要求,加快沿边开放步伐,允许沿边重点口岸、边境城市、经济合作区在人员往来、加工物流、旅游等方面实行特殊方式和政策。

国务院取消边境旅游项目审批并不意味着边境旅游消失,而是将旅行社经营边境旅游资格审批下放到省级旅游主管部门,边境旅游项目审批的取消,仅仅意味着国家层面不会再审批地方申报的边境旅游项目。边境地区一直期盼通过发挥地域优势,开展边境旅游以促进社会发展,补益欠发达的边境经济,因此,边境地区对边境旅游项目仍然需求强烈。

没有了边境旅游项目的行政审批,边境地区可尝试以单项活动的方式,多头寻求公安、外交等部门的支持。比如需要建立双边关系时,地方外事部门可向外交部报告请示;需要证件办理方面的支持时,地方公安部门可向公安部请示;在海关建设、旅游产品开发等方面可分别向海关总署和国家旅游局寻求政策及技术支持。具体如何在后项目审批时代,更高效、科学地开展边境旅游,促进边境地区发展,还需要边境地区政府部门本着求真务实的原则探索出一条可行的道路。

（二）下放"外商投资旅行社业务许可"

根据《旅行社条例》第二十二条规定，设立外商投资旅行社，由投资者向国务院旅游行政主管部门提出申请，国务院旅游行政主管部门同意设立的，出具外商投资旅行社业务许可审定意见书，申请人持外商投资旅行社业务许可审定意见书、章程，合资合作双方签订的合同向国务院商务主管部门提出设立外商投资企业的申请。国务院商务部门予以批准的，颁发外商投资企业批准证书并通知申请人向国务院旅游行政主管部门领取旅行社业务经营许可证，申请人持旅行社业务经营许可证和外商投资企业批准证书向工商行政管理部门办理设立登记。

早在2012年，商务部就已经将外商投资旅行社业务的审批权限单方面下放到了省级商务部门，外商投资者在获得旅游部门的许可审定意见书后，返回设立地向省级商务部门申请设立许可，获得批准后再次到国家旅游主管部门领取旅行社业务经营许可证。由于各地商务部门业务水平的不平衡，商务部对外商投资旅行社业务审批的单方面下放使得本就复杂的审批程序增加了更多的不确定性，且不符合相关法规的要求。国务院正式将外商投资旅行社业务许可下放到省级旅游主管部门，极大地缩短了外商投资旅行社的设立时间，简化了设立手续，是进一步开放旅游行业、促进多元投资的需要，有利于各地引进外资和先进管理经验，促进本地旅行社业的繁荣发展。

（三）下放"旅行社经营边境游资格审批"

根据《旅游法》《边境旅游暂行管理办法》和《中俄边境旅游暂行管理实施细则》等法规的规定，边境地区旅行社申请经营边境旅游业务需获得国务院旅游主管部门的许可。在边境旅游开展的20多年中，边境旅游业务一直是各省旅游主管部门初审后，再报经国家旅游局审批，至今共有190余家旅行社获得边境旅游业务经营资格。由于边境旅游涉及省市、线路较多，由边境县市报至地级市旅游部门，再报至省级旅游部门，最后由国家旅游局审批，不仅环节多，耗时长，且国家旅游局无法对边境游旅行社逐一了解情况。这就造成了边境游旅行社在资质、人员、能力等方面的良莠不齐。

"旅行社经营边境游资格审批"下放到省级旅游主管部门后，缩短了审批时限，减少了审批环节，更有利于促进多元投资进入边境旅游市场，也提高了审批的科学性和实效性。省级旅游主管部门有足够的能力和资源去了解边境游旅行社，更有利于选择适合边境旅游发展，拥有边境旅游资源的旅行社作为边境游旅行社。

（四）几个行政审批项目由前置审批改为后置审批

国务院在《关于取消和调整一批行政审批项目等事项的决定》中将"旅行社经营出境旅游业务资格审批""外商投资旅行社业务许可""旅行社业务经营许可证核发"等项目由工商登记前置审批改为后置审批。上述三项工商等级前置审批是指申请人在办理旅行社工商登记前，依照《旅游法》《旅行社条例》的有关规定，须先到旅游主管部门申请经营许可证，获得批准文件后再向工商部门办理企业登记。改为后置审批后，申请人可直接向工商部门登记成为企业法人，再依据《旅游法》《旅行社条例》等法规向旅游主管部门申请经营许可。

根据工商部门提供的解释，前置审批改为后置审批的原因主要有三点：

（1）前置审批一般都对企业在营业场所、人员等方面提出了具体要求，如旅行社业务经营许可证的核发就要求旅行社拥有一定的经营场所、聘请不少于3个导游等，在申请人未完成工商登记前，因未取得营业执照，没有主体资格，无法以市场主体的身份租赁场地和签订合同，难以满足获得许可证的要求。

（2）前置审批事项过多而不清晰，影响了市场的可进入性。

（3）工商登记与经营资格审批相互捆绑，导致部门之间职能交叉，责任不清。

根据工商总局在广东的试点经验，申请人可根据自身经营目标到工商部门登记成立旅行社，要求工商部门直接在营业执照上写明"出境游"等字样，工商部门在经营范围一栏注明"对从事须经审批方可开展的生产经营活动，须经有关审批部门审批并取得批准文件、证件后，才能开展相关生产经营活动"。旅行社在获得营业执照后，可根据自身业务需要向旅游主管部门申请相应经营资格。

前置审批改为后置审批，放松了行业的准入门槛，是中央、国务院要求"宽进严管"的前面一部分，如何进行行业"严管"仍是旅游主管部门需要认真研究的问题。按照"谁审批谁负责"的原则，在旅行社获得相应经营资格前违规经营相关业务，到底是属于已经发放营业执照的工商部门查处，还是属于将要发放经营许可证的旅游部门的管辖，目前尚无定论。旅行社业门槛放宽后，"旅行社"数量势必大幅增加，对于未取得"旅行社经营许可证"的旅行社的监督和检查是否能够跟上将是决定旅行社市场能否健康、持续发展的关键。

三、《国务院关于促进旅游业改革发展的若干意见》出台

2014年8月，国务院下发了《国务院关于促进旅游业改革发展的若干意见》（以下简称《若干意见》），这是是继《国务院关于加快发展旅游业的意见》《全国红色旅游发展规划纲要》《国民旅游休闲纲要》和《旅游法》颁布实施以来，党中央、国务院对旅游业改革发展做出的又一重大部署。《若干意见》为促进旅游业持续健康发展做出了整体政策安排，对实现中国旅游业两大战略目标具有重要意义，对全社会在新时期旅游业发展上统一思想、凝聚共识，具有重要的战略意义和指导作用。《若干意见》依据我国改革开放和经济社会发展进入新时期这一基本判断，把改革开放作为推进中国旅游业发展的根本动力，从战略和全局的角度做出了新的部署。在树立科学旅游观、增强旅游发展动力、拓展旅游发展空间、优化旅游发展环境、完善旅游发展政策等方面提出了一系列新观点、新政策、新举措。

《若干意见》的第一部分就指出发展旅游事业的指导思想是树立科学旅游观，对政府部门和旅游行业提出创新发展理念、加快转变发展方式的要求，明确要坚持深化改革、依法兴旅，处理好政府与市场的关系，推动形成政府依法监管、企业守法经营、游客文明旅游的发展格局。这主要是针对过去的发展历程中，存在的不依法行政、政府过度干预市场、以政府牵头为主等问题提出的新的发展理念。《若干意见》第一次将政府、企业、游客三者关系摆放在同一水平位置，以期形成三足鼎立，相互支持，齐抓共管的新的市场监管秩序。同时，树立科学的旅游观也是重新对过去发展旅游事业的模式进行审视，对过去过度重视旅游人数、消费水平的观念的改变。《若干意见》指出要推动旅游服务向优质服务转变，实现标准化和个性化服务的有机统一，即是对过去一味追求服务大众旅游向品质旅游、个性化旅游的转变。

《若干意见》对进一步促进旅游市场繁荣提出了切入点，即在深化旅游改革、推动区域旅游一体化、大力拓展入境旅游市场三方面着手推动旅游市场发展。《若干意见》提出要进一步简政放权，使市场在资源配置中起决定性作用。这是相当于松开旅游业发展脖子上的一条绳索，按照市场经济规律，让市场杠杆去撬动旅游发展的大车，从主要靠政府推动旅游市场发展向旅游市场随着经

济利益主动发展转变。根据国内旅游企业多而不大的情况，《若干意见》对如何壮大旅游企业、促进旅游集团发展提出了多项措施，如各地要破除对旅行社跨省设分社、设门市的政策限制，鼓励品牌信誉度高的旅行社和旅游车船公司跨地区连锁经营；积极培育壮大市场主体，扶持特色旅游企业，鼓励发展专业旅游经营机构，推动优势旅游企业实施跨地区、跨行业、跨所有制兼并重组，打造跨界融合的产业集团和产业联盟，支持具有自主知识产权、民族品牌的旅游企业做大做强等。

《若干意见》还对旅游形式提出了大量的要求，提出要积极推动体育旅游，加强竞赛表演、健身休闲与旅游活动的融合发展，支持和引导有条件的体育运动场所面向游客开展体育旅游服务。推进整形整容、内外科等优势医疗资源面向国内外提供医疗旅游服务。发挥中医药优势，形成一批中医药健康旅游服务产品。规范服务流程和服务标准，发展特色医疗、疗养康复、美容保健等医疗旅游。有条件的城市要加快建设慢行绿道。建立旅居全挂车营地和露营地建设标准，完善旅居全挂车上路通行的政策措施，推出具有市场吸引力的铁路旅游产品。积极发展森林旅游、海洋旅游。继续支持邮轮游艇、索道缆车、游乐设施等旅游装备制造国产化，积极发展邮轮游艇旅游、低空飞行旅游。《若干意见》指出发展乡村旅游要突出乡村特点，开发一批形式多样、特色鲜明的乡村旅游产品，要推动乡村旅游与新型城镇化有机结合，合理利用民族村寨、古村古镇，发展有历史记忆、地域特色、民族特点的旅游小镇，建设一批特色景观旅游名镇名村。《若干意见》还要求积极开展研学旅行和大力发展老年旅游，实施中国旅游商品品牌建设工程，促进旅游消费。

《若干意见》适值深化改革之机，是承接《国务院关于加快发展旅游业的意见》《全国红色旅游发展规划纲要》《国民旅游休闲纲要》和《旅游法》等重要文件和法规，对旅游行业有着深远影响，并具有高度执行性的又一重要文件，对促进整个旅游行业的发展，尤其是促进旅游企业发展具有重要意义。

四、旅游市场秩序整治的昆明共识的形成

2014年7月31日至8月1日，国家旅游局在昆明召开治理旅游市场秩序西南片区座谈会，旨在从治理不合理低价旅游入手，探讨客源地和目的地如何联动解决旅游市场秩序问题，研究如何转变旅游企业的经营方式、理顺旅游各个

要素之间的关系,如何依法经营线上旅游,如何加强导游管理等问题。

会议指出,《旅游法》颁布实施一年多来,旅游市场总体情况大势向好、喜忧参半。《旅游法》已深入人心,提升旅游服务质量、加强市场治理,正在形成全社会的共识;各级旅游行政管理部门积极探索破解市场秩序难题的有效办法,取得了很好的效果,旅游市场秩序开始向好的方面转化。但是,旅游市场主体地位没有切实得到树立,经营效益普遍下降,市场秩序和服务质量人民群众不满意、企业不满意、从业者不满意,严重影响了各级政府的形象,也影响着各级旅游行政与质监执法部门的形象,旅游市场问题已经成为社会关注的热点问题之一。

会议要求各级旅游主管部门要坚持"底线思维、问题导向、倒逼机制",科学认识和正确判断问题的症结所在,要把培育市场主体摆在工作首位,把理顺导游管理关系摆在重要位置,把转变旅行社经营方式摆在突出位置,把规范在线旅游业务摆在不可忽略的位置。会议还对大中型旅游企业、在线旅游企业、传统旅行社、导游队伍建设和旅游服务监管工作提出要求。国有大中型旅游企业和股份制合作企业必须以身护法、执法,在线旅游企业必须依法经营发展,传统旅行社要通过转方式获生存、求发展;各方要共同承担责任、分摊成本,理顺导游管理体制;全体导游要自尊自律、爱岗敬业;要引导提示旅游消费者文明旅游,理性消费。

会议期间,来自云南、湖北、海南、四川等地的旅游主管部门负责人,厦门市导游协会和上海春秋国际旅行社,昆明锦爱国际旅行社等业界代表就如何落实《旅游法》、治理旅游市场秩序进行了交流发言。大家一致认为,强化市场治理监管要坚持全国一盘棋、区域治理、地市为主;要坚持客源地与目的地共同治理,坚持组团社与地接社联动治理,坚持线上线下同时治理,坚持旅行社与导游一体治理;要坚持提高违法成本,让违法企业与个人付出高额代价。

根据会议召开的情况,与会旅游主管部门和旅游企业达成了《治理市场秩序促进旅游发展昆明共识》,并向全国呼吁共同开展执行。

五、贯彻实施《旅游法》,加强市场监管

(一)加强对旅游市场价格的监管

根据《旅游法》第三十五条,旅行社不得以不合理的低价组织旅游活动,

诱骗旅游者，并通过安排购物或者另行付费旅游项目获取回扣等不正当利益。因此，《旅游法》的实施，促使旅行社行业调整了以往低价竞争的不合理经营方式，其直接表现为团队旅游价格上涨，但这种团队旅游价格的上涨，不是一般意义上的"涨价"，而是其价格水平理性的、正常的回归，是剔除旅行社行业各种"潜规则"、恢复规范经营模式的正常反应。在经过一段时间的"涨价"后，国家旅游局注意到部分地区旅行社不合理低价经营的形式有所抬头，为此，国家旅游局下发了《国家旅游局关于执行旅游法有关规定的通知》和《国家旅游局关于严格执行旅游法第三十五条有关规定的通知》要求各旅行社依法经营，转变以往靠低价竞争的经营模式，诚信经营。

从2013年9月底开始，国家旅游局在全行业组织开展了"旅游市场大检查""市场秩序专项整治"和"重点地区重点督查"等行动，按照"严执法与讲服务并行、严处罚与促发展结合"的要求，采取明察暗访等方式，由局领导牵头分片负责，针对人民群众反映强烈的非法经营旅行社业务、导游领队非法执业、"零负团费"、通过安排购物获取回扣等问题，加大执法力度，督办重点案件。各级旅游部门联合相关部门，集中开展了执法检查和专项整治活动，查处和曝光了一批侵害旅游者权益的违法违规行为，对部分涉嫌无证经营旅行社业务的网络经营者、低于成本报价的旅行社等企业进行约谈，对违法企业处理情况定期通报，并通过设置"诚信榜"和"失信台"引导企业守法经营。《旅游法》实施以来，各级旅游部门共开展旅游市场检查1.5万余次，检查旅游企业约6万家，对导游员检查约4万人次，处罚旅游企业约500家，处罚旅游从业人员约300人。

（二）修订旅游合同示范文本

国家旅游局联合中国工商总局针对《旅游法》中的新规定，对《出境旅游合同》示范文本进行了修订，新版旅游合同示范文本在保持原旅游合同示范文本完整性、规范性、公平性、引导性的基础上，根据《旅游法》的要求，作出了较大的改动和完善。最突出的有以下三点：

（1）对安排购物活动、另行付费旅游项目在原则和方式上设定了约束性条款。在双方的权利义务当中，增加了旅游者的拒绝权和旅游社不得以不合理低价组织旅游活动，诱骗旅游者，并通过安排购物或另行付费旅游项目获取回扣等不正当利益的义务，明确了旅行社不履行义务的违约责任；在协议条款部分，突出表达双方就购物活动、另行付费旅游项目要达成一致，另增加补充协议对具体行为进行约定。

（2）根据《旅游法》全面修改了合同解除的内容。将法律赋予旅游者的任意解除权和旅行社法定单方解除合同情形转化成了可操作的约定条款，对因不可抗力或者已尽合理注意义务不能避免的事件解除合同费用的承担作出了约定，明确了《旅游法》规定的"必要的费用"的计算方法，增加了合同解除后旅行社的附随义务。

（3）增加了惩罚性赔偿责任。针对旅行社具备履行条件，经旅游者要求仍拒绝履行合同义务，造成旅游者人身损害、滞留等严重后果的情形，示范文本约定旅游者还可以要求旅行社支付旅游费用一倍以上及三倍以下的赔偿金。

（三）提升出境领队素质和能力水平

出境游客跟随旅行社出国到陌生的环境中旅游，受到语言障碍、信息不充分等因素影响，对旅行社及其委派的出境领队具有较强的人身依附性。领队人员是受旅行社委派督促和监督地接旅行社按照旅游合同和彼此之间合同的约定为旅游者提供相应服务的人员，也是旅游主体间关系的协调者。因此，出境领队的素质和能力水平，对于保障旅游者的人身、财产安全和旅游的舒适性、便利性，以及维护国家利益和国家形象具有重要作用。因此，国家旅游局依照《旅游法》第三十六条、三十九条、四十条等规定，下发了《国家旅游局关于执行旅游法有关规定的通知》，明确了出境领队申领的条件，并在修订中的《出境旅游条例》中，对出境领队人员的门槛、培训、派遣、注销等方面提出了更为具体的要求。

责任编辑:张萍　张娟

图书在版编目(CIP)数据

中国旅行社产业发展报告. 2014／中国旅游研究院著. －－北京：旅游教育出版社，2014.8
ISBN 978－7－5637－3001－8

Ⅰ．①中… Ⅱ．①中… Ⅲ．①旅行社—产业发展—研究报告—中国—2014 Ⅳ．①F592.6

中国版本图书馆 CIP 数据核字(2014)第 188842 号

中国旅行社产业发展报告 2014
中国旅游研究院　著

出版单位	旅游教育出版社
地　　址	北京市朝阳区定福庄南里 1 号
邮　　编	100024
发行电话	(010)65778403 65728372 65767462(传真)
本社网址	www.tepcb.com
E－mail	tepfx@163.com
印刷单位	北京中科印刷有限公司
经销单位	新华书店
开　　本	787 毫米×1092 毫米　1/16
印　　张	9.875
字　　数	136 千字
版　　次	2014 年 12 月第 1 版
印　　次	2014 年 12 月第 1 次印刷
定　　价	65.00 元

(图书如有装订差错请与发行部联系)